다돌책방 부클릿 2

내 가게를 열기 전에 알아야 할 브랜드 심리학

원형Archetype으로 만드는 브랜드 디자인

지상현

다돌책방 부클릿 2 　지상현

내 가게를 열기 전에 알아야 할
브랜드 심리학

원형Archetype으로 만드는 브랜드 디자인

2020년 4월 27일 초판 1쇄 찍음
2020년 5월 11일 초판 1쇄 펴냄

기획/편집 다돌책방 부클릿 프로젝트
디자인 프라이빗엘리펀트
본문조판 아바 프레이즈

펴낸이 권현준
펴낸곳 다돌책방
등록번호 제2019-000116호
전화 0505-300-1945
팩스 0505-320-1945
주소 서울 영등포구 여의대방로65길 6 센터빌딩 1518호
이메일 ddadol@gmail.com

ISBN 979-11-90311-00-7 03180
ⓒ 지상현

값 10,000원

사전 동의 없는 무단 전재 및 복제를 금합니다.

* 이 책은 한성대학교 학술연구비 지원으로 수행된 연구의 결과물입니다.

프롤로그

내 수업을 듣고 졸업한 제자들 가운데 적지 않은 수가 비정규직으로 취업한다. 어떤 경우에는 인턴만 1년씩 한다. 정규직으로 취업해도 좋은 일자리는 아니다. 나쁜 일자리가 반드시 낮은 급여만 놓고 하는 이야기는 아니다.

'이 일을 하면, 먹고 살 수 있을까'는 중요한 문제다. 그러나 '평생 할 만한 일인가'도 중요하다. 기업에서 요구하는 업무는 의외로 질이 낮다. 창조적으로 무언가를 만들려고 하면 환영받지 못하는 경우도 많다. 어느 정도의 퀄리티만 맞추면, 작업의 창의성이나 심도보다는 얼마나 빠른지가 더 중요한 평가의 기준이 되는 것이다. 어렵게 취업해서 회사에서 보낸 첫 달, 첫 월급까지는 괜찮다. 그러나 취업했다는 안도감이 들기 시작하면서 고민이 시작된다.

'이렇게 평생 할 수 있을까? 10년은 버틸 수

있을 것 같기는 한데, 10년 후에는? 전문성과는 점점 멀어지다가, 어느 날 출근했는데, 내 자리에 10살 어린 누군가가 앉아 있다면? 그냥 짐을 싸서 나가야겠지?'

한국 기업이 가치 높은 일을 직원에게 요구하지 못하는 것은, 산업을 고도화하지 못했기 때문이다. 좋은 일자리를 만들지 못한다. 그나마 지금은 나쁜 일자리조차 부족하다. 그러니 창업 이야기가 나온다. 자기들은 안정적인 직장에 다니면서 청년에게는 창업에 도전하란다. 되물어 보자.

'창업이 좋고 도전이 좋으면, 왜 회사에 계속 다닙니까? 창업하셔야죠!'

준비 없는 창업은 고통일 뿐이다. 나는 고통으

로 내몰리는 젊은이들을 옆에서 지켜보고만 있었다. 미안했고, 내가 가진 무엇이라도 주섬주섬 챙겨주어야겠다는 생각이 들었다. 그래서 수업을 하나 열었다. '심리학이 바탕이 된 브랜드 디자인' 수업이다.

수업의 목표는 작은 가게, 작은 메이커의 자기 브랜딩이다. 이미 시장에 진출해 있는 기업들은 다양한 무기를 가지고 있다. 대부분의 브랜딩 관련 책은 잘 나가는 기업들이 브랜딩을 더 잘 할 수 있는 방법을 제시한다. 효과적인 TV광고를 어떻게 찍을 것인가와 같은 식이다.

그나마 시장을 분석해 브랜딩하는 경우는 절반에 그친다. 나머지 절반은 시장을 자기 뜻대로 이끌어가는 방법이다. 자본과 기술, 네트워크와 영업망이 있는 기업이라면, 시장을 원하는 방향으로 끌고 가서 자기 브랜드를 소비자와 만나게 할 수 있다. 참 멋있지만, 내 수업을 듣고 막 졸업하는 학생에게는 큰 도움은 안 된다.

그보다는 동네에 뿌릴 전단지를 잘 만드는 것이 급하다. 자고 일어나면 불어닥치는 외풍으로부터 내 매장, 내 물건, 내 손님을 지키는 것이 문제다. 그래서 내 수업은 브랜딩을 하되 돈을 들이지 않고, 심리학을 활용해 효과를 내며, 현장에서 적용할 수 있는 방법은 무엇일까에 집중했다.

유수지(遊水池)라는 것이 있다. 비가 많이 내려 갑자기 불어난 강물을 임시로 머물게 하거나 시간을 두고 돌아나갈 수 있게 만든 곳이다. 유수지가 있으면 홍수로 마을이 물에 잠기는 것을 막을 수 있다. 나는 청년들이 처해 있는 막막한 상황을 해결할 수 없다. 이 작은 글은 제방 공사를 하고, 슈퍼컴퓨터로 일기예보를 하고, 대형 댐을 짓는 일은 아니다. 입시 다음 졸업, 졸업 다음 취업 아니면 창업으로 내몰리는 청년들이 잠시라도 숨을 돌릴 수 있도록, 유수지가 될 수 있다면 다행이다.

차례

프롤로그 003

I. 작은 가게에서 브랜드라니 011

딱 필요한 만큼의 브랜딩 013 / 심리학을 이용한 브랜딩 020 / 대기업은 갑질을 해도 살아남지만 작은 가게는 장사를 잘해도 망할지 모른다 026 / 주먹밥으로 편의점 제패하기 032

II. 작은 가게 브랜드 전략: 시장과 원형 039

가장 먼저 했다면, 가장 잘할 수 있다면, '가장'을 드러내는 것이 전략이다 041 / 따라잡혔다면 혹은 따라잡았다면, 패션모델보다 세련된 패션디자이너처럼 047 / 자리만 옮겨도 장사가 잘될 수 있다 - 목표시장의 트렌드 058 / 바이크를 타고 국도를 내달리는, 양복을 벗어던진 변호사와 의사 067 / 아이덴티티를 결정하는 원형 071 / 문화적 원형은 모두의 머릿속에 있다 074 / 다들 가지고 있는 여덟 가지 문화적 원형 077 / 기억하지 못하지만 기억하는 광고 080 / 장사를 제대로 하려면 최소한 다루어야 하는 원형 088

III. 작은 가게 브랜드 이미지 103

당신의 브랜드는 이미지가 무엇입니까? 당신의 브랜드는 성격이 어떻습니까? 105 / 모두에게 사랑받으려는 자, 한 명의 사랑도 얻지 못한다 109

IV. 작은 가게 브랜드 인지도: 시인성과 기억 121

인지도가 낮으면 잘해도 욕먹고, 인지도가 높으면 못해도 칭찬받는다 123 / 눈의 역사를 알아야 한다 128 / 눈의 역사 다음에는 뇌의 구조 135 / 유전자는 힘이 세다 144 (소실점 144, 게슈탈트 147, 눈의 예민함 148) / 한 번 보고 끝나면 의미가 없다. 머릿속에 오래 남겨야 한다 152 (어의기억 153, 시각기억 157, 청각기억 160, 절차기억 162, 에피소드 기억 168, 감성기억 169)

에필로그 175

I

작은 가게에서 브랜드라니

- 브랜드 선호도가 20% 올라가면, 가격을 200~300%까지 올려도 구매가 일어난다.
- 인지주의적 브랜딩은 심리학이다. 천문학적인 비용을 들이지 않아도 효과를 낼 수 있다.
- 가게가, 메이커가 작을수록 브랜드 없이 버티기 어렵다.

딱 필요한 만큼의 브랜딩

상품과 서비스가 다양하지 않았던 때는 결정하기가 쉬웠다. 기능, 가격, 디자인으로 상품 구매의 기준을 세울 수 있었다. 그러나 기술의 발전은 기능, 가격, 디자인의 평준화를 가져왔다. 라벨을 떼면 구분하기 힘들다. 한쪽에서는 골프공도 빠지지 않는 촘촘한 스프링을 사용한 매트리스 침대를, 다른 쪽에서는 모든 스프링이 따로 움직이는 포켓 스프링을 사용한 침대를 광고한다. 그런데 기능적으로 무엇이 더 나은지 판단하기 어렵다.

가격도 마찬가지다. 유통이 단순하던 때는 가격도 단순했다. 백화점은 비싸고, 대리점이 그 다음, 공장 직영은 더 쌌으며, 중고는 저렴했다. 그러나 유통 기술이 발달하고, 경로가 다양해졌다. 온라인과 오프라인 구매, 해외 직구매… 똑같은 물건을 여러 곳에서 살 수 있다. 할인, 쿠폰, 마일리지에 각종 이벤트까지 가격을 결정하는 장치들도 복잡해졌다. 소비자는 남들보다 비싸게 샀다는 것은 쉽게 알 수 있지만, 남들보다 싸게 샀다는 것은 장담하기 어려워졌다. 가격을 기준으로 상품을 고르는 것도 보통 일이 아니다.

디자인은 어떨까? 거의 모든 기업은 디자인에 힘을 쏟는다. 대기업도 중소기업도 디자인을 중시한다. 상품에만 디자인이 들어가는 것이 아니다. 포장과 사용설명서, 매장과 진열대도 디자인이다.

소비자가 돈을 내고 상품과 서비스를 고르는 데 있어 기능, 가격, 디자인은 여전히 중요하지만 변별력은 점차 줄어들고 있다. 대신 그 자리를 '브랜드 파워'라는 눈에 보이지 않는 자산이 채워가고 있다.

브랜드란 무엇이고 브랜딩은 또 무엇인가? '아르마니'는 조르지오 아르마니(Giorgio Armani), '아디다스'는 아디 다슬러(Adi Dassler)라는 창업자의 이름에서 비롯했다. 브랜드 가운데 이런 사례는 너무 많다. 왜 이렇게 하는 걸까? 창업자의 캐릭터, 존재감(인지도 혹은 유명세)가 브랜드에 살아남아 있다는 것을 보여주려는 것이다.

김갑돌 씨는 구두 장인이다. 갑돌 씨는 양심적이고 꼼꼼하며 인정도 많다. 그의 구두는 투박하지만 튼튼하고 싸다. 갑돌 씨의 캐릭터와 존재감은 멀리까지 소문이 나, 다른 도시에서 구두를 사러 오기도 한다. 갑돌 씨는 제자를 받았고, 공방도 차렸다. 갑돌 씨와 제자들은 상의 끝에 'GABDOL'이라고 공방에 간판을 걸었다.

브랜드를 만드는 사람들이 공유하고 있는 문화가 브랜드 이미지이자 브랜드 명성이다. 브랜드 이미지와 브랜드 명성은 GABDOL처럼 창업자의 캐릭터와 존재감에서 비롯하는 경우가 많다. 성공한 창업자의 캐릭터, 존재감, 여러 덕목이 지금도 꾸준히 계승되고 있음을 보여주려고 창업자의 이름을 쓴다. 그리고 캐릭터와 존재감을 대중들에게 잘 알리는 일을 브랜딩이라 부른다.

모든 브랜드가 창업자 이름에서 시작하는 것은 아니다. 그럼에도 창업자를 앞으로 내세우는 경우는 많다. 애플과 스티브 잡스, 마이크로소프트와 빌 게이츠, 버진 항공과 리처드 브랜슨, 알리바바와 마윈, 소프트뱅크와 손정의가 그렇다. 한국에서는 백종원 씨도 마찬가지다.

브랜드는 멋지고 어려운 무엇이 아니고, 브랜딩은 비쌀 것 같은 무엇이 아니다. 브랜드는 창업가, 메이커 자신이다. 그러니 창업가인 나, 메이커인 나의 캐릭터와 존재감, 상품과 서비스에 대한 철학 등을 노트에 적어보는 것으로 브랜딩을 시작하는 것이 좋다.

브랜드는 은행 계좌에 어떤 도움을 줄까? 브랜드는 매출에 직접적인 영향을 미친다. 브랜드 선호도가 20% 올라가면, 가격을 200~300%까지 올려도 소비자들은 구매한다고 한다. 200~300%라면 더 이상의 설명은 무의미하다.

매출 말고도 브랜드가 주는 이점은 많다. 1인 샵, 1인 메이커도 여러 거래처가 필요하다. 협업을 해야 하고, 파트너가 필요하다. 브랜드 이미지가 좋다면 좋은 거래처와 파트너를 만날 수 있다. 브랜드 이미지가 좋으면 내가 손을 내밀기 전에, 그들이 먼저 협업을 원하기 때문이다. 이 경우 내가 좋은 거래처와 파트너를 고를 수 있다.

일이 잘 풀린다면, 사람을 더 써야 하는 순간이 온다. 고용은 언제나 어려운 문제다. 이럴 때도 브랜드는 역할을 한다. 좋은 브랜드는 고유한 성격을 가진다. 그리고 그 성격에 맞는 사람들이 직원이 되기 위해 지원해올 것이다. 사람을 뽑는

데 수고를 덜 수 있다.

 (꿈같은 상황이기는 하나) 일이 잘 되어 기업화되었다면? 그리고 내 기업을 높은 가격에 매각할 수 있는 기회가 온다면? 브랜드는 더 높은 기업 가치를 보장한다. 좋은 브랜드는 여러모로 도움이 된다.

 브랜드의 중요성이 높아지면서 브랜드에 대한 정보도 늘어났다. 이론, 강의, 책이 쏟아진다. 그런데 대부분 복잡하고 어렵다. 이 모든 것을 섭렵하면 장사꾼이 되기 전에, 브랜딩을 가르치는 대학교수가 될 판이다.

 우리는 필요한 것을 필요한 만큼만 알면 된다. 너무 많이 알면 오히려 장사에 방해가 되기도 한다. 식자우환(識字憂患)이다. 게다가 대부분의 정보들은 큰 기업에서나 적용할 수 있는 것들이다. 안다고 모두 써먹을 수도 없다. 그래서 가급적 내 가게를 내기 전에, 내 물건을 팔기 전에 필요한 브랜딩에 대한 내용을, 딱 그만큼만 소개할 생각이다.

심리학을 이용한 브랜딩

광고나 디자인 등을 포괄하는 브랜딩은 소비자와의 커뮤니케이션이다. 커뮤니케이션이라고 하면 광고를 먼저 떠올릴 수 있다. 광고는 광고하려는 상품의 판매 가치를 제안하는(Unique Selling Proposition, USP) 커뮤니케이션이다. USP는 상품 구입으로 인한 구체적인 이득을 알리는 것이 목표다. 구체적으로 이득이 되는 것을 소비자에게 전달하는 데 초점을 맞추고, 해당 정보를 알게 된 소비자가 빠르게 구매로 이어지기를 바라니, 단기적 커뮤니케이션인 경우가 많다. 반면 브랜딩은 브랜드 이미지와 인지도를 끌어올리려 한다. 단기적으로 가능한 일이 아니니, 중장기 커뮤니케이션이다.

브랜딩이라는 커뮤니케이션을 바라보는 두 가지 관점이 있다. 행동주의적 관점과 인지주의적 관점이다. 행동주의적 관점은 물리학이다. 광고비를 많이 써서 물량으로 밀어붙여, 소비자와 물리적 접촉면을 넓힌다. 행동주의적 브랜딩은 강력하다. 그러나 이제 막 무언가를 시작하는 입장에서는 실행하기 힘들다. 게다가 행동주의적 브랜딩의 핵심은 돈이다. 나중에 돈을 많이 벌면 얼마든지 해볼 수 있다.

인지주의적 관점은 심리학이다. 심리학자가 연구하는 분야는 다양하지만, 결국은 사람이다. 심리학에서는 사람이 외부의 정보를 어떻게 받아들이고 처리하는지 연구한다. 그래서 인지주의적 관점의 브랜딩에서는 사람의 뇌가 중요하다. 사람의 인지 과정 속에 어떻게 효과적으로 브랜드를 밀어넣을 수 있을지에 대한 고민이기 때문이다. 인지주의적 브랜딩도 비용이 들어간다. 그러나 같은 비용이라면 더 효과적인 결과를 낼 수 있다.

출근길에 혹은 등교길에 스타벅스를 보았을

것이다. 어디어디에 몇 개가 있었는지 떠올려보자. 그리고 스타벅스가 아닌 대형 프랜차이즈 커피 전문점 가운데 하나를 정해보자. 마찬가지로 회사나 학교 오는 길 어디에 몇 개가 있었는지 생각해보자. 스타벅스는 얼추 생각이 나는데, 다른 프랜차이즈 커피 전문점은 잘 기억나지 않을 수 있다.

실제로 스타벅스 근처에 대형 프랜차이즈 커피 전문점이 적지 않게 있다. 대형 커피 전문점이 들어설 수 있는 입지 조건은 제한적이기 때문이다. 목이 좋은 곳에 가면 스타벅스가 있고, 바로 옆에 다른 대형 커피 전문점이 있다. 그런데 왜 머릿속에 스타벅스 매장은 남아 있고 다른 대형 프랜차이즈 카페는 사라졌을까?

스타벅스는 매장 간판디자인에 흰색과 짙은 녹색을 주제로 쓴다. 두 색은 큰 밝기 대비를 일으키며 주목을 끈다. 눈에 잘 띄고, 기억에 잘 남는다. 다른 커피 전문점들의 간판에 비해 눈에 잘 띄고 기억에도 잘 남는다.

  물론 로고 디자인의 밝기 대비 하나만으로 스타벅스 브랜드를 사람들의 머릿속에 남게 만드는 것은 아니다. 그러나 스타벅스 같은 거대한 브랜드도 색을 쓰는 디테일한 일에서부터 인지도를 높이는 방향으로 설계된다는 점에 주목하자. 나는 여기서 복잡하고 돈이 많이 들어가는, 어려운 브랜딩을 살펴보려는 것이 아니다. 심리학 이론을 바탕으로 적당히 적용할 수 있는 것들을 다루려고 한다. 그것만으로도 충분히 강력하다.

심리학으로 브랜드 생각하기 1

상품의 이름이 브랜드일까? 밥 굶기 좋은, 위험한 생각이다. 편의점에서 물건을 살 때 상품의 이름을 보는 경우와 모양을 보고 집어 드는 경우 가운데 어느 쪽이 더 많을까? 최근의 브랜딩은 상품의 이름보다 패키지에 힘을 기울인다. 소비자와 만나는 곳에 있는 모든 것이 브랜드이기 때문이다. 이렇게 보면 브랜드는 '미디어'다.

  미디어로 브랜드를 고민하면 많은 것이 달라진다. 우선 소비자와 접촉하는 것의 목록을 정리하게 된다. 상품명, 로고뿐만 아니라 패키지(중포장, 소포장)와 쇼핑백도 브랜드다. 간판, 인테리어, 종업원의 유니폼은 물론, 매장 앞에 세워 놓은 차량도 브랜드다.

  업종에 따라 종류가 더 늘어날 수 있다. 만

약 식당을 열었다면 적어도 메뉴판만큼은 공을 들이자. 메뉴판은 소비자가 매장에서 만나는 중요한 미디어다. 음식 이름과 가격 등 기본 정보에 충실한 것으로는 부족하다. 맛있어 보이는 음식 사진이 필요하다. 사진은 고객의 식욕을 자극하고 음식의 정체를 분명하게 드러낸다. 덕분에 고객은 자신감 있게 주문할 수 있다.

목록을 정리하면 중요도가 보인다. 모든 것에 투자할 수 없다면 중요한 것부터 신경 쓰면 된다. 목록을 메모해두면 브랜드 전략에 능한 빈틈없는 사장이 될 수 있다.

대기업은 갑질을 해도 살아남지만
작은 가게는 장사를 잘해도 망할지 모른다

가게가 작을수록, 이제 막 시작한 메이커일수록 브랜드에 신경을 쓰기 어렵다. 자원이 부족해서만은 아니다. 한국의 대기업들도 비슷하다. 이는 경험의 문제이기 때문이다. 과거 한국에서 제품과 서비스, 그리고 기업이 성장하는 과정에서 브랜드가 역할을 했던 경우는 드물었다. 경험이 없으니 자원을 쓰는 데 주저하게 된다. 도대체 한국 상황은 어땠을까?

지금 눈에 띄는 그럴듯한 대기업들도 시작은 미미했다. 사업을 하겠다고 결심하면 일단 은행에 다니는 친구를 찾아간다. 친구는 낮은 이자로 돈을 빌려준다. 돈을 빌렸으면 공무원 친구를 찾아간다. 친구는 공장을 차릴 수 있는 좋은 땅에 대한 정보를 주고, 다양한 지원 제도도 알려준다. 이제 공장을 짓기 위한 땅을 사고, 기계를 사고, 노동자를 고용한다.

경제가 전반적으로 성장하고 있었기에, 특별히 사고를 치지 않으면 기업은 망하지 않는다. 그런데 변곡점이 찾아온다. 공장을 지으려고 사둔 땅의 값이 오르기 시작한다. 성장의 비법을 찾았다. 부동산이다. 많은 대기업들이 실제로 이런 과정을 거치면서 몸집을 키웠다. 성장의 어느 단계를 보아도 브랜드는 큰 역할을 하지 않았다.

한편 대기업이 되고 나서는 브랜드에 크게 신경을 쓰지 않아도 되었다. '커다란 덩치'라는 장점 때문이다. 대기업은 무너지기도 쉽지 않다. 사례를 보자.

몇 해 전 우유와 유가공품을 만드는 어떤 대기업의 갑질 횡포가 언론에 보도되었다. 대기업 본사 영업사원이 영업 실적을 올리기 위해 제품을 밀어내려는데 대리점에서 받지 않았다. 그러자 영업사원이 대리점주를 향해 욕설과 폭언을 했고, 이를 녹음한 파일이 공개되었다. 소비자들은 분노했고 불매운동도 일어났다. 사회적으로 큰 파장이 일어났고, 매출이 줄어드는 등 기업은 타격을 입었다.

그러나 2020년 현재 해당 대기업의 제품은 다시 편의점과 마트 진열대를 채우고 있다. 대기업 지위도 바뀌지 않았다. 금방 망해도 이상하지 않을 만큼 브랜드 이미지가 훼손되었지만 버텼다. 높은 기술력, 대규모로 투자된 설비, 쌓아놓은 자산, 기업 조직과 업계 네트워크, 방대한 유통망은 하루아침에 사라지지 않는다. 대기업은 한 곳에서 충격을 받아도 들고 있는 것이 많기 때문에 다른 쪽에서 활로를 찾을 수 있다. 브랜드 이미지에 충격을 받아도 회복할 힘이 있다. '크면 클수록, 브랜드가 절대적인 것은 아니다'.

작은 기업이나 작은 가게는 다르다. '만두 파동'이라는 것이 있었다. 냉동만두 가공 공장에서 쓰레기로 버려야 할 불량 식자재로 만두소를 만들고 있다는 보도가 뉴스를 탔다. 소비자들은 분노했고 마찬가지로 불매운동이 일어났다. 그런데 불매운동이 일어나자마자 만두 공장들이 무너지기 시작했다. 대부분 영세해서 작은 충격에도 크게 흔들렸다. 심지어 공장을 운영하는 젊은 사업가가 자살을 하기까지 했다. 걷잡을 수 없을 정도로 사태가 커져버렸을 때, 기사가 오보에 가까운 과장이었다는 것이 밝혀졌다. 고발된 만두 공장들도 무죄 판결을 받았다. 그러나 만두 공장들은 이미 망해버린 후였다.

　작은 기업이나 작은 가게는 대기업과는 상황이 다르다. 대기업은 브랜드 이미지가 망가져야 할 분명한 잘못을 저질렀음에도 버텼다. 작은 공장과 매장은 오보로 인한 브랜드 이미지 왜곡에도 무너졌다. 작을수록 브랜드의 영향력이 더 크고, 중요하다.

심리학으로 브랜드 생각하기 2

A치킨업체의 브랜드 전략가운데 눈에 띄는 인지주의적 접근이 하나 있다. 가맹점주는 본사와 독특한 조건을 담은 계약을 한다. 매달 본사에서는 명함보다 약간 큰 스티커 2,000장을 무상으로 가맹점에 보낸다. 가맹점은 매달 2,000장을 자기 영업 지역 안에 모두 붙여야 한다.

같은 브랜드 치킨집이 한 블록만 지나면 반복해서 나오는 상황이니 영업 지역이 넓을 리 없다. 당장 다음 달만 되어도 더 붙일 곳이 없어진다. 그러나 무조건 2,000장을 새로 붙여야 한다. 이미 붙어 있는 스티커 위에라도 붙이면 된다.

벽에 붙어 있는 치킨 스티커를 유심히 살펴보는 소비자는 없다. 그러나 길을 걷다 우연히 마주친 스티커 한 장은 무의식 영역에 남는다. 치킨을 주문하려고 마음을 먹으면 무의식에 앉혀진 정보가 툭 튀어나온다. 출출해진 늦은 시간 치킨을 주문하려고 하면, 무의식에 저장되어 있던 A치킨이 제일 먼저 손을 들고 나온다.

그럼 2,000장만 빼곡하게 붙이면 되지, 왜 같은 것을 매달 계속해서 붙일까? 무의식의 작동은 생각보다 심오하다. 새로 붙인 깨끗한 스티커는 꾸준히 서비스에 신경을 쓰고 있는 곳이라는 정보로 남는다고 한다. 스티커 2,000장을 찍는 가격은 그리 비싸지 않다. 얼마든지 해볼 수 있는 인지주의적 브랜드 전략이다.

주먹밥으로 편의점 제패하기

모두에게 시작이라는 것이 있다. 대부분의 시작은 소박하다 못해 누추하다. 여기 새롭게 시작하는 청년이 있다. 청년은 친구와 함께 주먹밥을 만들어서 팔기로 했다. 요리 솜씨가 좋은 친구가 자기 집 주방에서 제조를 담당하고, 청년은 재료 구매와 영업을 맡았다. 이제 시작했는데 자기 매장이 있을 리 없다. 그래서 삼각김밥처럼 비슷한 상품이 많이 판매되는 편의점 여러 곳에 납품하는 것으로 목표를 정했다.

편의점에 가면 주먹밥처럼 간단하게 먹을 수 있는 제품들이 이미 진열대를 가득 채우고 있다. 친구의 요리 솜씨가 좋지만 그렇다고 궁극의 맛을 내는 정도는 아니다. 객관적으로 보면 맛에서 큰 차이는 없다. 납품을 하려면 물건을 싸게 넘기는 방법밖에 없다.

그런데 공급가가 저렴하다고 무조건 넣을 수

있는 것도 아니다. 우리 주먹밥 하나를 진열장에 넣으려면 다른 제조사 주먹밥을 하나 빼야 한다. 그러나 그 주먹밥을 납품하는 사장과 편의점 사장은 이미 거래 관계에 있다. 안면이 있고, 안부도 묻는 사이다. 기존 거래를 끊게 만드는 것은 어렵다. 방법은 파격적으로 할인한 공급가다. 이 가격에 납품하면 남는 것은 없다. 그래도 영업망을 뚫는 것이 우선이다. 우여곡절 끝에 납품에는 성공했다.

작은 가게, 작은 기업은 작은 외풍에도 크게 흔들린다. 주먹밥 제조를 담당하던 친구가 넘어져 팔목이 부러졌다. 몇 달은 깁스를 해야 한다. 그 몇 달 동안 주먹밥을 만들 수 없다. 물론 편의점 사장은 기다려주지 않는다. 어렵게 뚫은 기회가 날아갔다. 몇 달 후 친구가 깁스를 풀고 주먹밥을 다시 만들기 시작했다. 다시 납품을 할 수 있을까? 이번에는 전보다 더 크게 할인을 해줘야 납품이 가능하다. 예상하지 못한 상황이 계속 찾아올 텐데⋯ 청년은 주먹밥 장사를 계속할 수 있을까?

청년이 주먹밥을 만들 때 브랜드를 만들었다면 어땠을까? 주먹밥은 공 모양이다. 그래서 귀여운 동물의 얼굴 모양으로 패키지 디자인을 했다. 이름도 〈ZOO먹밥〉이라고 지었다. 패키지가 없는 상품은 없다. 아무리 싼 주먹밥을 만든다고 해도 패키지 디자인은 해야 한다. 디자인 비용은 어차피 써야 하니, 기왕에 동물 얼굴이 그려진 독특한 패키지 디자인을 한 것이다.

편의점에서 주먹밥을 사는 소비자 가운데는 편의점 근처 중고등학교에 다니는 학생들이 있다. 학교 수업이 끝나고 학원 가는 길에 간단하게 주먹밥을 사 먹으러 편의점에 들른다. 이 소비자들은 편의점에 자주 들르기 때문에, 독특한 패키지의 〈ZOO먹밥〉은 이들에게 인지되었을 확률이 높다. 그리고 친구의 부상으로 〈ZOO먹밥〉을 납품하지 못하던 어느 날, 한 소비자가 진열대에서 주먹밥을 고르다가 계산대로 와서 묻는다.

"동물 얼굴 그려진 주먹밥은 없어요?"

상황은 바뀐다. 소비자의 말 한 마디에 편의점 사장은 흔들린다. 〈ZOO먹밥〉이 편의점에 꼭 있어야 하는 제품으로 위상이 올라가는 순간이다. 주먹밥만큼이나 편의점도 개성이 없기는 마찬가지다. A편의점에 있는 물건은 B편의점에도 대부분 있다. 그런데 어떤 고객이 와서 특정 제품을 찾았는데 마침 그 물건이 없다면? 혹시라도 특정 제품이 근처 다른 편의점에는 있다면? 소비자가 선호하는 그 제품을 사기 위해 다른 편의점으로 발길을 옮긴다면?

편의점 소비자는 주먹밥 하나만 구매하지 않는다. 음료수도 사고, 과자, 문구류도 산다. 이 모든 것이 묶여서 고객 한 명의 매출이 된다. 만약 주먹밥 하나 때문에 고객이 옆 편의점으로 간다면? 주먹밥 하나가 덜 팔리는 문제가 아니다. 청년의 〈ZOO먹밥〉은 이렇게 편의점에 꼭 들여놓아야 하는 상품으로 지위가 올라간다.

이제 납품가를 살인적으로 내리지 않아도 된다. 혹 중간에 납품을 하지 못하는 경우가 발생한다고 해도 다시 납품하기가 수월해진다. 독특한 패키지로 브랜드를 만들었고, 소비자에게 브랜드가 인식되었고, 브랜드 인식으로 사업이 한 단계 안정된다. 작은 가게, 작은 기업일수록 브랜드가 더욱 중요하다.

심리학으로 브랜드 생각하기 3

작은 가게를 냈다. 홍보비는 100만 원. 100만 원이면 낱장 전단지를 1만 장 정도 만들 수 있다. SNS로 홍보하면, 클릭 당 지불 방식으로 할 경우 2천 명에게 당신의 메시지를 노출시킬 수 있다. 바람 풍선에 선풍기를 끼워 가게 앞에 세워 놓고 1일 행사 이벤트를 열 수도 있다. 방문 고객들에게 사은품을 주는 전통적인 방식도 있다. 물론 모두 장단점이 있다.

전단지가 1만 장 있다면, 길에서 사람들에게 일주일 이상 나눠줄 수 있다. 물론 곧장 쓰레기통으로 들어갈 것이다. SNS는 타깃 소비자에게 비교적 정확하게 도달시킬 수 있다. 그러나 메시지에 충분한 내용을 담기 어렵고, 광고 기간이 짧다.

무엇이 옳은지는 아무도 모른다. 단 확실한

것은 계란을 한 바구니에 담지 말라는 것이다. 두 가지 방법을 함께 쓴다면 어떨까? 사은품과 전단지를 혼합해서 사용하는 것이다. 전단지를 5천 장 만들고, 나머지 돈으로 사은품을 만든다. 그리고 두 가지를 매장 방문 고객에게만 나눠준다. 확실한 한 가지 방법이 있다면 세상에서 브랜딩에 실패하는 사장은 없을 것이다. 심리학도 브랜드도 확률이다.

II

작은 가게 브랜드 전략
시장과 원형

시장

- 막 시작했다면 차별화 전략이 맞을 확률이 높다. 차별화 전략을 쓸 때, 반드시 가장 잘 하거나 제일 먼저 시작했을 필요는 없다.
- 차별화 전략이 끝나면 명품화 전략이다. 신규 진입자라면 소비자의 욕구를 무난하게 해결해주는 패션화 전략도 가능하다.
- 내가 팔려는 상품과 서비스 분야의 경쟁자가 너무 많다면, 출혈 경쟁에 뛰어들지 말고 브랜드의 위치를 변화시키자.

가장 먼저 했다면, 가장 잘할 수 있다면
'가장'을 드러내는 것이 전략이다

브랜드는 어떻게 만들까? 좀더 직관적으로 접근해보자. 상호나 상품명을 어떻게 유명하게 만들고 호감을 얻어낼 것인가? 보통 이런 고민에서 시작하는 작업을 '브랜드 전략'이라고 부른다. 브랜드 전략을 세우려면 제품과 서비스가 어느 단계 시장에 위치하는지 판단해야 한다. 시장은 보통 차별화, 감성화, 개성화의 단계로 진행된다. 내 제품과 서비스가 세 가지 단계 가운데 어디에 있는지 확인해보자.

디자인이나 광고에서 '차별화'라고 하면, 남과 다른 개성적 이미지나 표현방식을 말한다. 그러나 이 책에서 차별화는 '남보다 우월하다'는 뜻으로 쓸 것이다.

보통 차별화 시장을 1970~80년대의 특징으로 설명하기도 한다. 이 시기는 세상에 없던 물건과 서비스가 쏟아져 나온 때다. 휴대폰, 개인용 컴퓨터, 인터넷 등이 모두 이때 세상에 등장했다. 디에이치엘(DHL)이나 페덱스(FedEx) 같은 운송 서비스, 코스트코(Costco)나 월마트(Walmart) 같은 유통 서비스도 대략 이 시기에 본격적으로 시작했다. 지금 우리의 삶을 둘러싸고 있는 대부분의 것은 1970~80년대에 생겨났는데, 대부분 전에 없던 새로운 것이었다.

이런 특성 때문에 1970~80년대를 차별화 시장의 시대라고 부르기도 한다. 그러나 차별화 시장이 1970~80년대를 콕 집어서 부르는 말은 아니다. '전에 없던 우월한 무엇'으로 승부하는 시장이라면 차별화 시장이라 할 수 있다. 새로운 제품, 새로운 서비스를 가지고 시장에 들어가는 순간 차별화 시장이 열린다. 휴대폰만 있던 세상에 스마트폰을 가지고 들어가면 차별화된다.

차별화 시장의 특징은 '1등과 1등을 쫓아가는

나머지'다. 누군가 스마트폰을 1등으로 만들었다면, 나머지는 그 뒤를 쫓아야 한다. 그리고 아무리 열심히 해도 당분간은 따라잡을 수 없다. 따라서 1등이 정하는 기준에 따라야 한다. 예를 들어 1등 기업의 스마트폰보다 싸야 한다. 가격이 같으면 1등의 제품을 살 것이기 때문이다.

내 가게, 내 제품, 내 서비스가 세상에 없던 것이거나, 내가 남보다 잘 할 수 있는 것이라면 시장을 차별화 국면으로 유도하는 것이 좋다. 이곳은 우열만으로 승부가 갈린다. 따라서 '내 것이 더 새롭다' '우리 것이 더 기술적으로 뛰어나다.' 제일 싸다' 등이 브랜딩의 핵심이 되어야 한다. '더'를 드러내고 우월함을 강조해야 한다. 그리고 이때 브랜드 인지도를 확실하게 높여야 한다.

그러려면 디자인도 눈에 선명하게 들어와야 한다. 글자도 크게, 중앙에 몰아서, 대비도 강하게 사용한다. 시선을 끌어 우월함과 자신감을 나타내고 인지도를 높여야 한다. 인지도가 높아지면 애호도가 높아지거나 시험 구매가 늘어난다. 물론 시험 구매가 지속 구매로 이어지는 것은 브랜딩을 넘어선 품질 이야기다.

차별화 시장에 정답은 없다. 애플은 아이폰으로 몇 년 동안 차별화 시장을 만들고 큰 이익을 보았다. 그러나 아이폰이 나오기 전에 전 세계 핸드폰 판매 1위를 고수하던 노키아(Nokia)에서도 스마트폰과 비슷한 물건을 만들어냈다. 애플이 노키아와 달랐던 점은, 아이폰을 브랜딩할 때 차별화 시장에서 쓰는 전략을 적극적으로 사용했고, 이 전략이 소비자들에게 통했다는 점뿐이다.

애플이 잡았던 '혁신의 아이콘'이라는 브랜드 이미지가 성공의 바탕이 되었던 것은, 묻지 않아도 답을 알 수 있을 정도가 되었다. 애플의 이미지가 차별화 전략과 시너지를 낸 것이다. 이처럼 완전히 새로운 제품을 만들고 혁신적인 서비스를 제공하지 않는다고 하더라도, 나름의 차별화 전략이 가능하다.

한편 시장 자체를 달리 잡아도 차별화 시장 전략을 택할 수 있다. 치킨집을 열었다. 완전히 새로운 레시피를 개발했다면, 혹은 흉내낼 수 없을 만큼 빠른 배달 속도를 유지할 수 있다면 차별화 전략을 쓸 수 있다. 이 정도의 탁월함이 없으면 차별화 시장으로 갈 수 없을까? 시장을 다르게 설정해보자.

예를 들어 맛과 단백질 보충식이라는 두 가지 특징을 강조하고, 헬스클럽에서 근육 만들기에 몰두하지만 맛있는 음식의 유혹에 끊임없이 흔들리는 사람을 시장으로 잡아 집중 공략하는 전략이다. 치킨 집에서 만드는 고단백 닭가슴살 요리는 다른 단백질 보충제보다 맛이 있을 것 같다. 여기에 샐러드 메뉴를 덧붙인다. 결정적으로 배달이다. 대한민국 치킨의 생명은 배달이니, 헬스클럽은 물론 각종 체육관으로 직접 배달한다. 아주 흔한 치킨으로도 차별화 시장 브랜딩 전략을 사용할 수 있다.

따라잡혔다면 혹은 따라잡았다면
패션모델보다 세련된 패션디자이너처럼

차별화 시장은 계속될 수 없다. 경쟁자들이 따라오면 '더'라는 브랜드 전략을 쓸 수 없다. 실제로 더 좋지도, 더 싸지도 않기 때문이다. 이제 감성화 시장으로 넘어간다. 감성화 시장의 특징은 '디자인'이다. 먹기 좋은 떡에서 보기 좋은 떡으로 넘어간다. 감각적이고 세련된 디자인이 필요하다.

이때부터는 디자인에 대한 투자를 늘려야 하고, 개성을 만들기 시작해야 한다. 개성, 즉 브랜드 이미지는 창업자의 캐릭터에서 시작하는 것이 자연스럽다. 단 이런 방식으로는 고급감과 같은 이미지를 만드는 데 한계가 있는 등, 브랜드 이미지의 폭이 좁아질 수 있다. 따라서 브랜드 이미지 설정과 관리를 위한 별도의 도구나 개념이 필요하다. (이 부분에 대한 이야기는 뒷부분에서 자세하게 다룰 예정이다.)

감성화 시장의 또 다른 특징은 '명품화'다. 1970~80년대의 시대적인 특징을 차별화 시장이라고 했다. 1990년대에는 감성화 시장이 열렸다. 명품이 시장에서 중요해진 것도 1990년대다. 이미 고급 제품과 비싼 서비스가 있었지만, 명품이 대중 소비 시장에서 유통되기 시작한 것은 1990년대부터다. 이 단계에서는 '프리미엄'이라는 느낌의 디자인과 마케팅이 필요하다.

이제 막 가게를 열거나 새로운 물건을 만드는 메이커는 감성화 시장보다 차별화 시장이 좋다. 아이디어와 혁신은 시장에 새로 진입하면서 시도하기 좋기 때문이다. 반대로 디자인과 명품화는 어렵다. 돈과 시간이 많이 들어가기 때문이다. 그런데 신규 진입자라고 항상 아이디어와 혁신이 있을 수는 없다. 늘 차별화 시장 전략을 따를 수 없으므로 감성화 시장 브랜드 전략을 써야 할 때가 있다. 이를 위해 패션화 시장이라는 새로운 브랜드 전략을 제안하려고 한다. 패션화 시장은 아직 브랜딩·마케팅 교과서에 들어간 것은 아니지만, 필자가 연구하고 있는 개념이다.

담배는 해롭다. 부정적인 이미지가 강한 상품이다. 이런 이유로 담배 회사들은 브랜드 이미지를 밝게 가져가길 원한다. 그런데 2008년 일본 도쿄에 검은색 담배자판기가 등장했다. 일본에는 담배자판기가 많은데, 어떤 회사가 신제품을 출시하면서 자판기를 검은색으로 칠한 것이다. 자판기뿐만 아니라 담배 패키지도 검은색이었다. 검은색은 죽음과 장례식이 떠오르는 색이다. 담배 브랜드에는 쓸 수 없는, 금기시하는 색이다.

내 기억으로는 검은색 담배자판기가 등장하기 약 40여 년 전에, 딱 한 번 담배 브랜드에서 블랙 캠페인이 있었다. 세계 3대 스포츠 이벤트로 축구 월드컵, 하계 올림픽, 그리고 'F1 자동차 경주'를 꼽는 사람이 많다. F1이 세계적인 이벤트다 보니 광고도 많이 붙는다. 특히 담배 회사들이 F1에 출전하는 자동차 겉면에 광고를 많이 한다. '레이놀즈 타바코'라는 미국 담배 회사도 F1 경주용 자동차에 스폰서 광고를 실었다. 그런데 차를 검은색으로 칠하고 그 위에 광고를 했다.

안타깝게도 이 캠페인은 오래 가지 못했다. F1 자동차 경주는 위험한 스포츠다. 경기 도중 선수가 다치거나 죽는 사고도 잦다. 그런데 자동차 색깔을 검은색으로 칠했으니, 장례식 차량이 생각난다. 게다가 담배 회사의 광고다. 불길한 느낌을 줄 수 있다는 두려움에, 검은색 담배 캠페인은 파격적으로 시작했으나 조심스럽게 진행될 수밖에 없었고, 일찍 마무리되었다.

그런데 2008년 일본에서의 상황은 달랐다. 담배 브랜드인 '말보로'에서 새롭게 출시하는 멘

솔 담배 패키지를 검은색으로 잡고, 검정색이 중심이 되는 캠페인을 펼쳤다. 이번에는 성공적이었다. 검은색 자판기에서 파는 검은색 패키지 담배의 판매량이 늘었다. 성공은 전파되었다. 다른 담배 회사들까지 검은색을 사용하기 시작했다. 도대체 무슨 일이 있었던 것일까?

담배 하나만 보면 이상한 일이었다. 그러나 시야를 넓혀보니 검은색에 대한 선호가 생기고 있었다. 맥주를 비롯해 여러 분야에서도 검은색을 활용해, 브랜딩을 다시 하는 작업이 진행되고 있었다. 일본만의 이야기도 아니다. 검은색은 한국에서도 다양한 브랜드에 폭넓게 사용되고 있다. 마트에 가면 검은색 패키지의 쌀을 볼 수 있다. 마트에서 파는 상품이니 비싸지는 않다. 단 함께 진열되어 있는 다른 쌀보다는 비싸다. 약간의 프리미엄 느낌이다. 담배, 맥주, 쌀까지 전 세계적으로 사람들이 어느 날 갑자기 검은색을 좋아하기 시작한 것일까?

 패션쇼가 끝나면 옷을 만든 디자이너가 모델들과 함께 런웨이에 나와 청중과 카메라를 향해 인사한다. 이때 패션디자이너들은 검은색 옷을 입는 경우가 많다. 디자이너의 검은색 옷은 모델들의 화려한 색의 옷과 비교된다. 마지막 인사는 패션디자이너가 무대에 오르는 유일한 순간이다. 화려한 옷을 만든, 패션을 잘 아는 디자이너가, 자신을 드러내는 중요한 자리에 왜 무난한 검은색 옷을 입을까? 검은색이 무난하기만 한 것은 아니다. 검은색은 카리스마가 있어 보이며, 패션에서 언제나 평균 이상의 효과를 낸다. 그래서 나는 검은색을 '패션화'된 색이라고 부른다.

 감성화 시장에서 소비자는 제품과 서비스의 고만고만한 기능이나 가격에 집중하지 않는다. 대신 소비를 통해 자신을 드러내길 원한다. 커뮤니케이션 시도다. 옷의 소비를 보자.

입학이나 졸업, 생일이나 명절처럼 중요한 이벤트를 앞두고 옷을 사던 때가 있었다. 옷이 없어서, 또는 옷의 기능이 필요해서 기능과 가격을 비교해 구입하던 때다. 차별화 시장이다. 그러나 이제 옷이 없어서 옷을 사는 경우는 많지 않다. 대신 감성적 만족을 위해 사는 경우가 많다. 특별한 내면을 간직한 사람, 만만치 않은 사람, 세련된 취향의 소유자, IT 시대에 뒤처지지 않는 사람 등, 자기 정체성과 존재감을 드러내려고 옷을 구입한다.

정체성과 존재감을 드러내기 위한 옷을 사려면 소비자는 세련되어 보이는 물건을 고르거나, 사람들에게 인정받는 명품을 사야 한다. 안목을 기르는 훈련이 필요하고, 비싼 가격을 지불할 수 있는 능력도 필요하다. 물론 쉽지 않다. 그래서 사람들은 어려운 일을 하는 대신, 웬만하면 실패하지 않을, 모든 사회-문화적 평가에서 초연할 수 있는 디자인을 선택한다. 그 디자인에서 색은 대개 검정색이다.

검정색 그 자체가 패션화 시장의 핵심이라는 뜻은 아니다. 단 검정색은 소비를 커뮤니케이션의 수단으로 사용하기 시작한 소비자에게, 감성화 시장에서 풀어야 하는 안목과 돈의 문제를, 적당한 수준에서 해결해준 대표적인 사례다. 소비자가 어렵지 않게 선택할 수 있어야 하고, 선택했을 때 효과가 보장되어야 하며, 지불할 수 있는 수준의 가격을 맞춰줄 수 있는 브랜드 전략이다.

막 가게를 열었고 막 물건을 만들기 시작했는데, 시장이 이미 감성화 단계에 접어들었다면? 당황하지 말고 패션화 시장 브랜드 전략을 선택해보자. 핵심은 약간의 고급스러움, 검은색처럼 '원래 색을 감춘 듯 있어 보이게' 만드는 카리스마다.(검은 피부의 운동선수나 흑표범이 주는 강한 인상과 신비감을 떠올려보면, 어떤 종류의 카리스마인지 상상할 수 있을 것이다.) 간혹 카페와 식당 인테리어에 용도를 정확하게 알 수 없는 물건을 이용하는 경우가 있다. '정확한 정체를 알 수 없지만 있어 보이는' 소품 인테리어는 카페와 식당 주인의 지식과 경험이 남다름을 보여준다. 낡은 커피 기물, 신기한 탐험 장비, 난해한 상호나 로고 등이 있어 보이는 카리스마를 만들어주기도 한다.

  차별화, 감성화를 지나면 개성화 시장에 도착한다. 감성화 시장에서는 디자인 경쟁이 심하다. 경쟁의 끝은 승과 패다. 경쟁에서 이긴 지배적인 디자인이 흐름을 만든다. 명품 시장도 마찬가지다. 애초부터 명품 브랜드는 소수일 수밖에 없다. 다수의 소비자가 소수의 브랜드를 보고 있으니 여기서도 흐름이 생긴다. 그리고 흐름에 불만을 느끼며 벗어나려는 소비자가 등장한다. 커스

터마이징(customizing) 시장이고, 개성화 시장이다.

브랜드를 개성화하는 데는 개성의 폭을 얼마나 넓게 잡을 것인지가 중요하다. 개성화 시장이라는 말은, 브랜드들이 경쟁을 벌이고 있다는 뜻이다. 경쟁은 개별 브랜드에 돌아갈 파이의 양이 줄어들 수 있는 조건이다. 환경의 변화를 인정하면, 그 수가 적더라도 우리 브랜드에 충성도가 높은 고객을 잡아야 한다. 그리고 충성스러운 고객을 확보하는 과정에서는 개성의 폭을 좁혀가는 데 주저하지 말아야 한다.

모든 제품과 서비스가 개성화 시장까지 가는 것은 아니다. 차별화에서 감성화까지는 일반적이다. 그러나 감성화 단계에서 새로운 아이디어나 혁신이 등장하면, 다시 차별화 시장이 열린다. 공급자들의 혁신 노력이 시장의 주기를 단축하는 것이다.

소비자의 습관이 시장의 주기를 줄이기도 한다. 제품과 서비스를 자주 바꾸는 습관은 제품과 서비스 시장이 개성화, 심지어 감성화 단계까지 가지 못하게 한다. 스마트폰이 나오기 전 휴대폰 시장에는 프리미엄 시장이 있었다. 고가의 명품 휴대폰 시장이었다. 다시 말해 감성화 시장까지 있었다. 그런데 스마트폰으로 대세가 바뀌자 차별화 시장의 연속이다. 생산자들이 1~2년이면 차별화한 기술을 선보이며 신제품을 시장에 내놓는다. 소비자들의 스마트폰 교환 주기가 짧아지고, 차별화 시장이 지속된다.

자리만 옮겨도 장사가 잘될 수 있다
목표시장의 트렌드

차별화 시장이 감성화와 패션화 시장으로 바뀌는 것은 결국 시간의 문제다. 시간이 지나면 경쟁자들은 강력해지고, 소비자들은 싫증을 내기 시작한다. 즉 때에 맞춰 적합한 브랜드 전략을 골라야 한다. 그런데 그 판단은 무작정 시간에 따르는 수동적인 것이 아니라 어떤 시장 전략을 구사할 것인가 하는 능동적인 것이다. 시대가 같아도 브랜드마다 다른 시장 전략을 선택할 수 있다. 이는 '목표시장의 트렌드'를 보면 가능하다.

목표시장의 트렌드에서 트렌드는 감성적 유행이 아니다. 구매 패턴의 흐름을 말한다. 목표시장의 구매 패턴을 보는 데 FCB 그리드(Foote, Cone & Belding Grid) 모델을 쓸 수 있다. 1975년에 개발되었으니 오래된 도구지만 여전히 활용도가 높다. 소비자의 구매 패턴을 분석할 수

있고, 소비자가 제품과 서비스를 구매하는 이유를 살펴보는 데 도움이 된다.〔Fig.1〕

FCB 그리드에는 가로축과 세로축이 있다. 가로축은 이성과 감성의 축, 세로축은 고관여와 저관여의 축이다. 이성과 감성은 익숙하지만, 관여도는 낯설다. 관여도는 제품이나 서비스를 살 때 얼마나 품을 들이는가에 대한 문제다.

자동차를 수집할 정도로 부자가 아닌 보통 사람들은 자동차를 살 때 고민이 많다. 검색하고, 후기를 찾고, 시승도 한다. 자동차는 소비자 입장에서 고민을 많이 하는 이성적 고관여 제품이다. 감성적 고관여 제품은 무엇이 있을까? 보석은 구매를 위해 여러 매장을 방문한다. 색감, 질감, 크기, 반짝이는 정도 등을 따지는데, 감성적인 부분이 많이 작동한다. 보석은 감성적 고관여 제품이다. 고관여 제품들은 대부분 비싸다. 자동차와 보석이 싸다면, 품을 많이 들이지 않을 것이다.

관여도가 낮으면 구매에 품을 크게 들이지 않는다. 치약은 이성적으로 구매하지만 저관여 제품일 가능성이 높다. 특정 치약을 찾아 여러 매장에 가는 경우는 많지 않다. 단 진열되어 있는 치약 가운데 고를 때는 이성이 작동한다. 기능을 따지고 성분과 가격도 본다. 저관여 제품 가운데 감성적인 것도 있다. 담배도 제품마다 차이가 있다. 그러나 담배 구매는 습관과 취향에 따라가는 경우가 많다. 저관여 제품들은 대부분 싸다. 치약도 담배도 비싸다면 고민이 많아질 것이다.

대부분의 제품과 서비스는 FCB 그리드 어딘가에 자리를 잡는다. 외국에서 치약을 수입해서 팔기로 했다. 그렇다면 기존 치약들이 FCB 그리드 어디에 있는지, 목표시장의 트렌드를 확인해야 한다. 치약은 생필품이고, 이성적으로 구매하는 저관여 제품군에 위치하고 있을 것이다. 그런데 이미 팔리고 있는 치약 대부분이 이 지역에 모여 경쟁하고 있다. 나는 영영 치약을 수입해서 팔 수 없는 것일까?

치약이 이성적 저관여 제품이고 이미 포화 상태라면, 내가 팔려는 치약을 이성적 고관여 제품군 쪽으로 이동시킨다. 치료나 미용 등 특수한 기능을 강조하고 가격을 올린다. 아니면 감성적인 저관여 제품 쪽으로 이동시킬 수도 있다. 패키지를 세련되고 아름답게 만든다. 아예 화장품처럼 보여도 좋을 것이다.

목표시장의 트렌드를 보면 브랜드 전략을 세울 수 있다. 내가 팔려는 제품이나 서비스가 어떤 그룹에 포함되며, 이 그룹은 FCB 그리드의 어디에 있는지 확인한다. 경쟁자들이 많다면 내 제품과 서비스를 FCB 그리드에서 어디로 옮길 것인지, 브랜드를 이동시킬 방향을 확인할 수 있다. 감성화와 차별화 가운데 어느 방향으로 나아갈지 결정하는 데 참고할 수 있다.

심리학으로 브랜드 생각하기 4

매출이 늘지 않을 때, FCB 그리드 위에서 제품의 위치를 이동시키는 것을 '제품 흔들기'라고 부른다. 그러나 제품 흔들기는 브랜드의 본질을 흔드는 것은 아니다. 치약의 미용 효과를 아무리 강조해도, 치약은 화장품이 아니다. 그런 점에서 제품 흔들기는 이미지 흔들기다.

한의원을 개원했는데 동네에 경쟁자가 너무 많다면? FCB 그리드 상에서 이미지를 흔들어야 한다. 관여도를 높이는 방향으로 흔들고 싶다면, 전문적인 한방 치료법을 내세울 필요가 있다. 전통 한방 고수의 이미지로 옮겨가는 것이다. 감성을 흔들고 싶다면, 유니폼을 일반 병원처럼 맞추고 인테리어도 현대적으로 바꾼다. 고리타분하지 않은 이미지를 얻을 수도 있다.

 이미지 변화의 핵심은 사람일 수도 있다. 우리 동네 한의원 원장님은 가죽 재킷을 입고, 할리 데이비슨 바이크를 타고 출근한다. 거친 배기음이 멀리서 들리기 시작하면, 동네 사람들은 '새로운 것이 가득하고, 지루하지 않을 것 같은 한의원의 진료가 시작되는구나'라고 생각할 것이다.

심리학으로 브랜드 생각하기 5

카페를 열었다. 커피를 제대로 배웠고, 단골도 생기기 시작했다. 그런데 자리가 좋은 동네라 부동산 업자들이 움직인다. 자고 나면 근처에 카페가 하나씩 생긴다. 궁리 끝에 커피 빙수를 개발해 신메뉴로 출시했다. 그런데 옆의 가게에서도 커피 빙수를 팔고 있는 것 아닌가. 매번 새 메뉴를 개발할 수도 없는 노릇. 어떻게 해야 할까?

제일 좋은 방법은 도망가는 것이다. 가게를 접고 도망가는 것이 아니라 FCB 그리드에서 도망가면 된다. 관여도 축에서 도망가려면 소비자의 '생각'을 열어볼 필요가 있다. 아이스 아메리카노를 주문하는 손님에게 우리 매장 얼음의 위생 상태를 알려주면 어떨까? 고관여 부분으로 도망을 갈 수 있을 것이다. 이성-

감성 축에서 도망을 가려면 소비자의 '느낌'을 열어봐야 한다. 카페에서 나오는 음악을 K-POP 가요에서 에티오피아의 현대음악으로 바꿔볼 수 있을 것이다. 도망도 창의적으로 칠 필요가 있다.

원형

- 원형(Archetype)을 이용하면 효과적인 브랜딩을 할 수 있다. 원형에는 문화적 원형, 집단적 원형, 개인적 원형이 있다.
- 문화적 원형은 역사적으로 오래된 제품과 서비스에 활용해 베스트셀러 브랜딩을 할 수 있다. 집단적 원형은 특정 경험을 공유하는 사람들을 대상으로 한 브랜딩에 활용할 수 있다.
- 원형을 찾기가 어렵다면, 원형을 구체적으로 풀어놓은 '말'을 찾아서 브랜딩할 수 있다.

바이크를 타고 국도를 내달리는
양복을 벗어던진 변호사와 의사

브랜드를 만들기 위한 도구는 많다. 사실 너무 많다. 그러나 도구가 많다고 브랜딩을 잘 하는 것은 아니다. 필요한 만큼 알고, 필요한 만큼 사용하면 된다. 나는 사용하기 편리한 브랜딩 도구 한 가지를 추천하려고 한다. 이 브랜딩 도구는 브랜드 이미지 개발에 활용하기 좋은데, 쓰다 보면 사용자의 인문 교양 수준을 높여주는 보너스도 챙길 수 있다.

우리는 이제 막 작은 가게를 열었고, 이제 시작하는 메이커다. 대기업이 사용하는 화려하고 복잡한 브랜딩 도구는 불필요하다. 대신 심리학에 나오는 '원형(archetype)'을 이용하는, 단순하지만 강력한 도구가 있다. 원형을 이해하기 위해서는 '아이덴티티(identity)'라는 것을 먼저 알아야 한다.

모든 사람에게는 아이덴티티가 있다. 단 그 사람의 아이덴티티가 그 사람의 직업처럼 겉으로 드러나는 것과는 다를 수 있다. 주말에 강원도로 놀러가기 위해 국도를 탔다. 그런데 어디선가 굉음이 들린다. 할리 데이비슨 대형 오토바이 수십 대가 줄을 맞춰 지나가고 있다. 신기한 풍경이라 눈을 뗄 수가 없다. 잠시 들른 휴게소에서 할리 데이비슨 일행을 우연히 다시 만났다. 떼 지어 오토바이를 타고 다니는 걸 보니 거칠고 난폭한 사람들일 것 같았다. 영화에서 보면 오토바이 폭주족은 주로 불량배들이지 않은가!

그런데 휴게소에서 본 그들의 모습은 전혀 달랐다. 헬멧을 벗으니 단정한 중년 신사의 얼굴이 보였다. 이야기를 들어보니 대학교수, 의사, 변호사, 중소기업 사장 등이다. 어쩐지 수십 대의 바이크들은 과속도, 무리한 운전도 하지 않았다.

국도를 내달리는, 가죽 재킷과 가죽 바지를 입

은 전문직 종사자 바이크족. 아이덴티티는 직업처럼 사회적으로 보이는 것과 관계가 없을 수 있다. 어쩌면 반대로 나타날 수도 있다. 국도를 장악했던 전문직 바이크족을 조금 더 살펴보자.

이들은 대부분 직업적으로 성공해 안정된 삶을 살고 있다. 그런데 안정된 삶을 추구하는 '성격'인지는 알 수 없다. 혹 안정된 삶을 살아야 한다는 사회적인 압력에 무릎을 꿇어야 했던 것은 아닐까? 원래는 자유분방하고 규범에 저항하는 성격이었는데 억눌렸던 것은 아닐까? 어쩔 수 없이 전문직을 선택하고, 결혼해서 아이를 낳고… 주변 사람들이 보기에는 안정적이었을지 모르지만, 원래 성격도 그런지 알 수 없다. 이런 특징을 가진 사람을 소재로 한 영화도 있다. 존 트라볼타 등이 주연한 〈와일드 호그(*Wild Hog*)〉다.

바이크를 타는 전문직 종사자들에게 사회적으

로 보여지는 외관과는 다른 아이덴티티가 있을 수 있다. 어쩌면 사회적 압력 때문에, 자신의 본래 아이덴티티와 반대되는 삶을 살았을 수 있다. 그럼에도 자신의 아이덴티티는 사라지지 않았고, 이를 표출하는 방식이 바이크족이 되는 것이었는지도 모른다. 사회적 압력에서 벗어나 자유로운 기분을 만끽하기 위해서 바이크족이 됐을 가능성.

장사꾼이라면 이 대목에서 명민하게 움직여야 한다. 돈을 잘 버는, 중년의 전문직 종사자에게 무엇을 팔까? 소비자의 아이덴티티를 본 장사꾼이라면, 세컨드 카로 고급 SUV보다는 대형 오토바이를 팔 것이다. 사람들의 아이덴티티는 구매에 직접 영향을 준다.

아이덴티티를 결정하는 원형

아이덴티티를 결정하는 요인 가운데 원형이 있다. 세 명의 의사가 있다. 같은 의과대학을 다녔던 또래로, 같은 과목을 진료한다. 차이가 있다면 부모다. 의사 A의 부모는 교수, 의사 B의 부모는 종교인, 의사의 C의 부모는 대기업 임원이다.

A의 부모는 대학에서 강의하고 연구하는 교수다. 그리고 승진에 관심이 없는 교수였다. 학장이나 총장 같은 직위가 있지만, 큰 관심사가 아니다. 대신 책을 내서 인정받거나, 논문을 써서 학계의 관심을 받는 것에서 보람을 느낀다. 그런 부모님 아래서 자란 A는 승진에 관심이 없는 것은 아니지만, 새 치료법과 수술법을 연구하고 개발해 인정받는 것을 더 좋아한다.

B의 부모는 종교인이다. 두 분 모두 사회적 약자를 위해 봉사하는 삶을 살았다. 그것을 보고 자란 B는 치료법 개발, 수술법 연구, 논문 발표

등에는 큰 관심이 없다. 평일에는 환자를 더 잘 보살피기 위해 노력하고, 주말에는 의료 시설이 없는 곳으로 의료 봉사를 다닌다. 1년에 한두 번은 외국으로 의료 봉사를 떠난다.

C의 부모는 대기업 임원이다. C의 부모는 여러 사람과 함께 일하면서, 조직의 가치를 키우는 일에 관심이 많다. 그 과정에서 자신의 책임과 권한을 늘려가고, 늘어난 책임과 권한을 바탕으로 조직의 성장을 기획한다. C는 많은 환자를 빠르고 정확하게 진료할 수 있도록, 병원을 키우는 데 관심이 많다. 병원 조직에서 승진은, 이를 위해 필수적이다. C는 승진에 적극적이다.

세 명의 의사는 모두 같은 대학에서 공부했고, 같은 과에 근무한다. 그런데 이들의 모습은 전혀 다르다. 이를 결정한 것은 부모의 삶이었을 가능성이 크다. 성장 환경에서 형성된 바람직한 삶 혹은 직업에 대한 개념에 따라 각자의 직업에 대한 원형이 달라지고 더불어 개인의 아이덴티티도 달라졌다. 그리고 이들의 '원형'도 달라졌다.

문화적 원형은
모두의 머릿속에 있다

원형에는 크기가 있다. 매우 큰 원형, 중간 크기의 원형, 작은 크기의 원형이 있다. 방금 본 A, B, C 의사의 차이가 작은 크기의 원형의 차이라면, 매우 큰 원형은 '문화적 원형'이다.

문화적 원형은 전 세계 거의 모든 사람들에게 공통적으로 있는 원형이다. 따라서 전 세계 모든 사람들의 아이덴티티에 영향을 준다. 남극과 북극 지방을 제외하면 어디에서든 해는 아침에 뜨고 저녁에 진다. 달은 찼다가 기울며, 밀물과 썰물이 반복된다. 많은 생명체는 암컷과 수컷으로 구분된다. 대부분의 인류가 경험하는 것들로, 이런 경험은 자연 현상에만 머물지 않는다.

어느 날 지독한 가뭄이 찾아왔다. 농사는커녕 마실 물조차 귀해진 지 오래되었다. 혼란에 빠진 마을 사람들 앞으로 노인이 조용히 나선다.

"내가 젊었을 때 딱 한 번, 이런 가뭄이 있었다. 지금 내가 알려주는 곳으로 가서 땅을 파면, 물을 구할 수 있을 것이다."

사람들은 삽과 곡괭이를 들고 노인이 말해준 곳으로 달려갔다. 땅을 파기 시작한 지 얼마 되지 않았는데 물이 나오기 시작했다. 사람들은 지혜로운 노인, 늙은 현자(賢者) 덕분에 가뭄의 위기에서 살아남을 수 있었다.

노인의 지혜로움은 그가 오래 살았다는 것에서 비롯되었다. 사람의 기대수명이 40년을 넘어선 것은 최근의 일이다. 사람의 기대수명이 짧았던 때는, 오랜 시간을 경험한 것 자체가 가치 있는 정보원이었다. 지독한 가뭄, 홍수, 기근, 돌림병 등은 자주 있는 일이 아니다. 오래 살아야 한두 번 겪는다. 큰 위기를 경험하고 해결책까지 알고 있다면, 비슷한 사건을 경험하지 못한 젊은 사람들에 비해 지혜로워질 수 있다. '늙은 현자'라는 원형이다.

  늙은 현자라는 원형은 괜찮은 상품으로 판매된다. 소설과 영화 〈반지의 제왕〉에 나오는 간달프, 〈해리포터〉 시리즈에 등장하는 덤블도어 등이 대표적이다. 전 세계 사람들은 여전히 늙은 현자의 이미지를 공유하고 있다.

  현대에 와서는 늙은 현자를 자주 보기 어렵다. 의학의 발달로 대부분의 사람들은 노인이 된다. 다들 비슷하게 오래 사니 직접 경험에 의한 정보의 양과 질이 비슷하다. 반대로 직접 경험과는 비교할 수 없을 정도로 많은 새로운 정보가 빠르게 등장한다. 이런 정보에는 노인보다 청년이 더 빠르게 접근하고 획득한다. 이렇게 늙은 현자를 볼 수 있는 가능성은 점점 줄어든다. 그런데 여전히 늙은 현자는 잘 팔리는 상품이며, 원형으로 남아 있다.

다들 가지고 있는
여덟 가지 문화적 원형

심리학자 칼 구스타프 융은 문화적 원형을 몇 가지로 정리했다. 아동, 늙은 현자, 영웅, 그림자, 태모(太母), 모녀(母女), 남성의 무의식 속에 있는 '아니마'라는 여성성, 여성의 무의식 속에 있는 '아니무스'라는 남성성 등이다. 이 가운데 태모를 보자. 위대한 어머니다.

여성이 살아가면서 맞이하는 위험 가운데는 '출산'이 있다. 의학이 발달하기 전까지 출산은 매우 위험한 일이었다. 출산 과정에서 목숨을 잃는 엄마와 아이가 많았기 때문이다. 그러나 엄마와 아이의 목숨이 위험한 순간에도 희망은 있었다. 그 희망은 또 다른 여성이었다. 임신과 출산을 했던 본인과 주변의 경험을 바탕으로 산모의 출산을 안전하게 돕는, 할머니가 된 여성들이다. '태모'는 아이를 받고, 탯줄을 끊어주고, 산

후조리를 지휘했다. 태모의 원형도 아직 남아 있으며, 상품으로서 가치도 있다. 영화 〈매트릭스〉 시리즈에 나오는 오라클의 캐릭터는 태모의 원형을 이용한 대표적 사례다.

융이 정리한 문화적 원형 가운데는 영웅도 있다. 영웅은 태어날 때 환영받지 못한다. 그는 자신의 고향에서 핍박받고 멸시당한다. 어느 순간 영웅은 억울한 상황에 빠지고, 어쩔 수 없이 고향을 떠나 여행을 시작한다. 여행도 순탄치 않다. 그러나 여행을 하면서 힘과 지혜, 용기 등의 덕목을 얻는다. 긴 여행을 마치고 영웅은 고향으로 돌아온다.

돌아온 고향은 큰 위기에 처해 있고, 영웅은 모든 것을 깨닫는다. 영웅 자신에게 출생의 비밀이 있었고, 그것 때문에 고향에서 핍박을 받았던 것이다. 그리고 역시 그 이유로 고향은 위기에 처해 있다. 영웅은 여행에서 획득한 힘과 지혜,

용기를 가지고 고향을 위기에서 구해낸다. 영웅의 원형이다. 이런 영웅의 원형은 세계적인 히트 상품 〈스타워즈〉 시리즈의 기본 얼개다.

조지프 캠벨은 신화학자다. 그는 융의 원형 개념을 발전시켜 신화에서 영웅의 구조를 정리했다. 영화감독이자 제작자 조지 루카스는 캠벨이 이야기한 영웅의 원형에 영향을 받았다. 그리고 영웅의 구조를 지닌 〈스타워즈〉 시리즈를 만든다. 4, 5, 6편이 먼저 제작된 〈스타워즈〉에서 주인공 루크 스카이워커는 고향에서 핍박받고, 여행을 떠나고, 비범한 포스를 훈련하고, 고향을 구하다가, 출생의 비밀을 알게 된다. 영웅이라는 문화적 원형을 바탕으로 한 〈스타워즈〉 시리즈는 히트했다. 1977년에 개봉한 첫 편의 제작비는 1,100만 달러였는데, 수입은 4억 6,000만 달러였다. 2015년에 개봉한 〈스타워즈〉 7번째 편은 개봉 하루 만에 제작비를 모두 회수했다고 한다.

기억하지 못하지만
기억하는 광고

문화적 원형을 광고에 활용한 사례도 있다. 일본의 '안리쓰(アンリツ株式会社)'라는 회사 이야기다. 이 회사는 정밀계측기기를 만드는 업체다. 우리는 일상생활에서 정밀계측기기를 사용하지 않는다. 즉 안리쓰는 정밀계측기기가 필요한 다른 기업에 물건을 판다. 당연히 일반 소매 소비자를 대상으로 대중매체 광고를 하지 않았다.

그런데 안리쓰가 일간신문에 광고를 내기 시작했다. 아마도 브랜드 가치를 높이거나, 주식 가치를 높여야 하는 등의 다른 이유가 있었을 것이다. 어쨌건 이 정밀계측기기 회사는 전에 해본 적이 없는 일간신문 광고를 매월 한 번씩 게재했다.

안리쓰의 브랜드 광고는 문화적 원형을 이용한 것이었다. 원, 태모 같은 문화적 원형을 모티

프로 삼는 광고였다. 예를 들어 〈모나리자〉 그림을 이용한 광고를 냈는데, 이것은 태모가 콘셉트였다. 보티첼리의 〈봄〉이라는 작품을 응용한 광고도 있었다. 이것은 그림의 이미지를 원으로 구성한 것이었다.

신문사는 광고주에게 당신의 광고가 얼마나 효과가 있었는지 알려준다. 안리쓰는 닛케이 신문과 닛케이산쿄 신문에 광고를 실었고, 두 신문사는 광고 효과 분석에 들어갔다. 안리쓰가 광고를 실은 날에 전자제품으로 유명한 소니(SONY), 산요(SANYO)도 함께 광고를 실었다. 그런데 조사를 해보니 안리쓰의 광고가 소니, 산요의 광고보다 사람들의 기억에 더 많이 남았다고 한다.

심리학에서는 일반적으로 익숙한 것을 덜 익숙한 것보다 잘 기억한다고 본다. 닛케이 신문과 닛케이산쿄 신문을 보는 독자들에게, 즉 일반 소매 소비자들에게는 소니와 산요가 더 익숙하다. 그런데 전혀 본 적이 없는 기업이고, 전혀 알 수 없는 물건을 만드는 안리쓰의 광고가 더 많이 기억되었다. 신기한 일은 계속된다.

신문사는 독자들에게 '광고를 보고 어떤 것을 홍보하고 있는지 이해했는가?'라는 질문을 던졌다. 광고가 소비자들에게 정확하게 전달되었는지를 물어보는 질문이었다. 그런데 안리쓰의 광고를 보았다고 기억한 사람이 10명 가운데 3명이었다면, 광고를 이해하고 있다고 대답한 사람은 10명 가운데 5명이었다. 말이 안 되는 수치였다. 광고를 봤다고 기억하는 사람의 수가 3명인데, 광고가 이야기하고 있는 것이 무엇인지 이해한 사람이 5명이라니.

광고에는 에이드마(AIDMA) 법칙이라는 것이 있다. 주의(Attention), 흥미(Interest), 욕구(Desire), 기억(Memory), 행동(Action)에서 앞

글자를 땄다. 광고가 소비자의 주의를 끌면, 흥미를 보이고, 갖고 싶은 마음이 생겨서, 기억해 두고 있다가, 물건을 산다. 상식적이다.

그런데 안리쓰의 광고는 에이드마의 상식을 뒤집었다. 주의를 기울인 사람보다는 흥미가 생긴 사람이, 흥미가 생긴 사람보다는 욕구가 생긴 사람이 적어야 한다. 물론 욕구가 생긴 사람보다는 기억하는 사람이 적은 것도 상식이다. 안리쓰의 광고를 봤다고 대답한 사람은 주의나 흥미 단계까지 간 사람이다. 광고 내용을 이해하고 있다고 대답한 사람은 행동하기 전의 기억까지 갔다고 볼 수 있을 것이다. 안리쓰의 광고는, 기억하고 있는 사람이 주의나 흥미를 기울인 사람보다 많았다. 본 적도 없는 것을 기억하고 있는 셈이다.

〈스타워즈〉나 안리쓰의 광고는 문화적 원형 힘을 보여준다. 문화적 원형은 브랜드화시킬 수

만 있다면, 세계적인 사건(?)을 일으킬 수 있다. 전 세계 70억 인구 대부분에게 탑재되어 있는 무엇인가를 자극하기 때문이다. 자극에 성공하면 대박이다. 그러나 쉬운 일은 아니다. 문화적 원형은 개수가 너무 적다. 또한 내 가게나 내가 만드는 물건과 연결된다는 보장도 없다.

비선형적 기호

사람 사이에서 일어나는 커뮤니케이션의 상당 부분은 논리적인 언어로 설명할 수 없는 기호로 이루어진다. 예를 들어 "거시기가 거시기하다."라는 말은 논리적인 언어라고 보기 어렵지만, 생활 속 커뮤니케이션에서는 적절하게 통용된다. 이것이 가능한 이유는 '거시기'라는 기호가 비선형적이기 때문이다.

비선형적 기호의 핵심에는 메타포가 있다. 메타포는 의식과 무의식 두 영역 모두에 걸쳐 처리되는데 무의식과 관련된 영역은 대뇌기저핵, 편도체, 시상하부 등이라고 한다. 이 부위는 정서기억을 처리하는 곳이기도 하다. 대뇌기저핵에서는 주의(注意, Attention)에 반응하는 세포가 발견되기도 하였다.

일본의 융 연구가 아키야마 사토코(秋山さと子)는 신화나 광고 등에 사용된 메타포(주로 단어나 이미지)가 시선을 강하게 끌고 형언하기 힘든 감성적 울림을 갖는 것이, 바로 이 주의세포와 정서기억 때문일 것이라고 추정한다. (아직 가설 단계이지만) 원형을 이용한 광고가 기존의 광고이론으로 설명할 수 없는 공감효과와 시선유도효과를 갖는다는 점이 학계에 보고되고 있어, 이 효과를 설명해 볼 수 있는 실마리를 주고 있다.

예를 들어 무의식적 주의기능이 대뇌기저핵에 있다면, 인류가 수백만 년 동안 끊임없이 받았던 특정한 경험이나 이미지가 일종의 메타포로 대뇌기저핵에 저장되어 있을 수 있다. 그런데 이와 비슷한 것을 다시 경험하는 순간, 강한 정서기억이 자극되고 주의가 환기

될 수 있다는 가설이다.

현대에 늙은 현자가 공동체에 닥친 위기를 자신의 직접 경험을 바탕으로 해결하는 경우를 보기는 어렵다. 그럼에도 사람들이 간달프와 덤블도어에 공감하고 주목하는 것은 이런 대뇌기저핵 등의 기능 때문일 수 있다. 물론 아직은 추론 수준이다.

20~30여 년 전까지 융의 이론, 특히 원형이론은 현대과학과 맞지 않는 유사과학으로 여겨졌다. 그러나 뇌과학의 발달에 힘입어 원형의 생물학적 기반이 조금씩 확인되고 있다. 미국 등에서는 신경마케팅학회 등이 정식으로 활동하고 있다. 언젠가 기억이나 원형이 유전된다는 내용이 과학적으로 밝혀질 날이 올지도 모른다. 그러니 가능성을 너무 닫아두지는 말자.

장사를 제대로 하려면 최소한 다루어야 하는 원형

거대한 원형만 있는 것은 아니다. 중간 크기의 원형도 있다. 세대와 지역이 공유하는 원형을 '집단적 원형'이라 부른다. 할리우드에서 제작되어 흥행하는 공포영화와 일본, 한국에서 제작되어 흥행하는 공포영화의 차이를 집단적 원형으로 설명해보자.

할리우드에서는 주로 악령이나 좀비가 등장해 공포를 만들어낸다. 악령은 기독교, 좀비는 부두교라는 종교를 배경으로 한 공포다. 한국이나 일본에서는 소복을 입고 머리를 푼 귀신이 등장한다. 대부분 억울한 죽음에 얽힌 복수 이야기다. 두려움을 판매하는 공포영화라는 틀은 같지만, 판매하는 공포의 내용물은 다르다. 세대와 지역이 공유하는, 중간 크기의 원형이 다르기 때문이다.

집단적 원형은 문화적 원형처럼 오랫동안 누적되어온 전 인류적인 것은 아니다. 집단적 원형이 만들어지는 시간은 짧고, 공간은 좁다. 집단적 원형이 브랜드와 연결되었던 대표적인 사례를 보자. 랭글러(Wrangler)라는 지프(Jeep) 자동차 브랜드에 대한 이야기다.

지프는 미군이 사용하던 4륜구동 차량을 일컫는 이름이었다가, 크라이슬러라는 미국 자동차 회사에서 만드는 일반 판매용 자동차의 제품 브랜드가 되었다. 랭글러는 지프 브랜드에서 나오는 4륜구동 자동차 가운데 한 모델이다.

1980년대 중반 지프는 미국 시장에서 랭글러를 출시했다. 다른 산업과 마찬가지로 자동차 산업에서도 북미 시장은 중요하다. 그런데 새롭게 출시한 랭글러 새 모델의 판매가 부진했다. 원인을 찾던 지프에서는 외부에 컨설팅을 의뢰하기로 했다.

지프는 클로테르 라파이유(Clotaire Rapaille)라는 프랑스 출신 컨설턴트를 찾았다. 클로테르 라파이유는 평범한 컨설턴트가 아니었다. 정신분석학자이자 정신과 의사였던 그는 문화인류학에도 조예가 깊었다. 클로테르 라파이유는 자신의 전공을 살려 브랜드 컨설팅을 했는데, 잘 나갈 때는 《포브스》가 선정한 세계 100대 기업 가운데 50개 기업에 컨설팅을 하기도 했다. 또한 미국 대통령 선거에서 민주당 측 후보의 이미지 메이킹을 여러 번 담당하기도 했다.

클로테르 라파이유는 새 랭글러의 미국 판매 부진에 대한 컨설팅을 시작했고 해법도 제시했다. 랭글러 자동차의 디자인 가운데 11곳을 고치라는 결론이었다. '11군데만 고치면 되겠네'가 아니다. 11군데를 고치려면 자동차 생산 라인 전체를 새로 깔아야 할 판이었다. 그래서 지프는 10군데를 포기하고, 1군데만 고치기로 했다. 전조등 디자인을 네모난 모양에서 원 모양으로 바꾸기로 한 것이었다. 클로테르 라파이유의 설명을 들어보자.

미국 사람들에게는 말에 대한 집단적 원형이 있다. 때는 서부개척시대로 거슬러 올라간다. 서부개척시대를 상징하는 것으로는 말이 있다. 거친 북미대륙의 자연환경을 극복하는 과정에서, 말은 꼭 필요한 교통수단이자 동료였다. 그런데 새 랭글러도 길이 아닌 곳, 험한 곳에 데려다줄 수 있는 4륜구동 자동차다. 이 자동차는 말이라는 집단적 원형이 있는 미국 소비자들에게 다가갈 수 있었다. 그런데 전조등이 문제였다.

말은 생명체다. 생명체에 직선은 없다. 자동차 전조등은 생명체의 눈을 연상시키지만, 새 랭글러의 전조등은 사각형이었다. 눈이 네모인 생물은 없다. 따라서 미국인들에게 집단적 원형으로 남아 있는 말을 대체할 수 없었고, 판매는 부진

했다. 새 랭글러는 클로테르 라파이유의 제안 중 전조등 디자인 하나만 수정해 미국 시장에 다시 나왔다. 그러자 소비자들이 호응하기 시작했다.

재미있는 것은 전조등을 원형으로 교체하기 전의 네모 모양이었을 때, 유럽에서는 새 랭글러가 잘 팔렸다는 점이다. 유럽인들, 특히 프랑스 사람들에게도 집단적인 경험이 있다. 2차대전이 벌어지고 히틀러의 나치가 프랑스를 점령했다. 참혹한 전쟁 끝에 결국 나치를 물리쳤는데, 이때 미군의 도움이 컸다. 나치가 물러간 파리 시내에서 미군들이 시가행진을 했고, 파리 시민들은 거리로 나와 환호했다. 줄지어 파리로 입성하는 미군들은 랭글러의 원형인 4륜구동 자동차를 타고 있었다.

이 광경은 파리 시민, 프랑스 국민, 유럽 사람들에게 강한 인상을 남겼다. 나치를 몰아내고 자유를 찾는 전쟁에서, 미군은 실질적인 해방군이었다. 그리고 해방군이라는 이미지 안으로 4륜구동 자동차가 들어갔다. 집단적 원형이 만들어진 것이다. 2차대전 당시 미군이 타던 4륜구동 자동차와 외관이 거의 흡사했던 랭글러는 유럽 소비자들의 집단적 원형을 자극하는 물건이었고 환영받았다. 미국과 유럽의 집단적 원형이 달랐기 때문에 생긴 일이다.

집단적 원형보다 더 작은 크기의 원형도 있다. 앞서 나왔던 세 명의 의사들이 가지고 있는 원형이다. 그러나 너무 작은, 개인적인 크기의 원형이라 브랜드 차원에서 고려하기는 힘들다. 일반적으로 브랜드는 특정한 크기 이상의 집단(시장)을 대상으로 하기 때문이다.

정리해보자. 원형에는 문화적 원형, 집단적 원형, 개인적 원형이 있다. 원형을 잘 다룰 수 있다면, 문화적 원형을 이용하는 것이 좋다. 전 세계적인 히트 상품을 만들 수 있기 때문이다. 문화적 원형에 대한 준비가 되어 있지 않다면, 집단적 원형을 찾아서 활용하면 된다. 어떤 세대, 어떤 지역에서 생겨난 공통의 경험이 만든 원형을 찾는 것이다.

심리학으로 브랜드 생각하기 6

카페의 브랜딩을 해보자. 동네 어귀의 작은 공간을 빌린 오너일 수도 있고, 프랜차이즈 본사에 소속된 브랜드 매니저여도 좋다. 먼저 적절한 브랜드 이미지를 결정하고 그에 맞게 커피의 맛, 인테리어와 익스테리어, 상호, 실내의 배경음악 등을 고민해야 할 것이다.

이때 집단적 원형이 여러 면에서 도움이 된다. 첫째, 타깃 마켓을 파악하는 데 도움이 된다. 카페 앞을 지나는 많은 사람들은 저마다 커피에 대한 원형을 갖고 있다. 그런데 커피에 대한 원형이 사람마다 다를 것 같지만, 크게 보면 9개 정도의 원형으로 묶인다. 그러니까 9개의 원형 가운데 내 브랜드가 바라보고 있는 원형과 일치하는 사람들을 1단계 목표시장으로 삼을 수 있다.

아래 제시하는 9개의 욕구는 림빅맵(Limbic Map)이라는 브랜딩 도구에서 빌려온 것이다. 커피로 채우려는 9개의 기본적 욕구를 림빅맵을 가지고 정리해보자. 커피에 관한 가장 기본적인 9개의 원형들을 암시하고 있는데, 커피 아닌 다른 제품에도 응용할 수 있다.

1.
욕구: 일의 능률을 올리는 각성제
원형: 커피를 마시며 맑은 정신으로 일에
      열중하는 모습

2.
욕구: 세련된 라이프 스타일의 표현
원형: 승마처럼 고급 스포츠를 즐기는 중간
      에 마시는 커피

3.

욕구: 일상에 질서와 구조를 부여하는 의례

원형: 아침에 일어나 가장 먼저 커피를 내려 마시며 하루 일과를 시작하는 모습

4.

욕구: 긴장이완 수단

원형: 어려운 회의를 마치고 커피를 마시며 휴식을 취하는 모습

5.

욕구: 관계를 부드럽게 해주는 매개물

원형: 친구와 커피를 마시며 즐거운 한때를 보내는 모습

6.

욕구: 행복하고 섬세한 감각적 체험

원형: 복잡하고 섬세한 절차를 거쳐 만든 커피를 마시는데, 마치 오케스트라 지휘자처럼 보이는 모습

7.

욕구: 스스로에게 행하는 작은 사치

원형: 목가적인 공간. 고된 하루를 보낸 후, 노을과 음악을 즐기며 커피를 음미하는 한때

8.

욕구: 삶에 활기를 주는 수단

원형: 커피를 마시며 새로운 활기가 솟아 다시 하던 일에 몰입하게 되는 모습

9.
욕구: 개성 있는 라이프 스타일의 표현
원형: 암벽 등반 후 정상에서 마시는 커피처럼, 라이프 스타일을 추구하는 과정에서 즐기는 커피

상호나 인테리어 등 전체적인 특징을 고려했을 때 스타벅스는 2가 주요한 원형에 1과 8을 보조 원형으로, 투썸플레이스는 5를 주요한 원형으로 하고 8을 보조 원형, 이디야커피는 상호의 유래 등을 따져볼 때 6을 주요한 원형으로 하고 4와 2를 보조 원형으로 사용하고 있다고 분석해볼 수 있다.

중요한 것은 원형을 시대에 맞게, 그리고 정확하게 표현했는가 하는 것이다. 되도록이면 3개 이상의 원형을 바탕으로 하는 복합적인 이미지를 만들면 좋다.

심리학으로 브랜드 생각하기 7

 원형을 활용하는 또 다른 방법은 스토리를 찾아내는 것이다. 스토리라고 하니 어렵게 느껴질 수 있다. 좀더 편하게 접근해보자면 핵심 키워드를 찾는 것이다. 서울의 홍대입구역 상권과 강남역 상권을 살펴보자.

 먼저 두 곳의 상권을 표현할 수 있는 전형적인 단어를 떠올려보자. 패션잡지식(?)으로 말해보면 강남역 상권에서는 네오-클래식, 모던, 아메리칸 스타일이 대세다. 홍대입구역 상권에도 이런 카페들이 있다. 그러나 공예적 혹은 목가적 분위기와 결합된 곳도 많다.

 가게를 낸 나의 목표는, 두 곳의 문화적 원형을 이론적으로 밝혀내는 것이 아니다. 현장에서 더 중요한 것은 '적당하게 묘사할 언어'를 찾아내는 일이다. 이 언어가 브랜드 이미지 구현을 위한 기준이 된다. 적당하게 묘사할 말을 생각해낸다면, 집단적 원형을 대략은 파악한 셈이다. 홍대나 강남을 벤치마킹해서 카페를 열 계획이라면, 브랜딩을 위한 단어들, 즉 말부터 챙기자. 상호, 간판, 인테리어와 아웃테리어, 메뉴판과 진열대, 탁자와 의자, 점원의 유니폼까지, '모던함' 혹은 '공예적'이라는 말에서 시작할 수 있을 것이다.

III

작은 가게 브랜드 이미지

- 브랜드 이미지를 잡기 어렵다면, 사람의 성격에 의인화하면 편하다.
- 브랜드 이미지는 추상적, 포괄적이면 안 된다. 브랜드 이미지는 구체적, 제한적이어야 한다.
- 한 사람의 마음에 쏙 들게 만든 브랜드 이미지는 모든 사람의 마음을 자극한다. 모든 사람의 마음을 사로잡으려 하면, 한 사람도 만족시키지 못한다.

당신의 브랜드는 이미지가 무엇입니까?
당신의 브랜드는 성격이 어떻습니까?

대기업의 신입사원 공채 시즌이 되면 신문에 자주 등장하는 기획기사가 있다. 대기업의 브랜드 이미지를 사람에 대입해 묘사하는 기사다.

나는 교수가 되기 전에 일반 기업에 다닌 적이 있다. 당시가 1980년대 후반이니까 꽤 오래전 일이다. 새해가 되면 10대 재벌 기업들의 인사 담당 임원들이 한자리에 모였다. 각각 자기 기업 브랜드 이미지에 대한 조사 내용을 공유하는 자리였고, 나는 상사를 수행해 그 자리에 가볼 수 있었다.

그때도 삼성그룹은 '조직', '체계'와 같은 키워드들이 중요하게 언급되었다. 건설, 자동차, 조선과 같은 커다란 시설 기반 사업을 했던 현대그룹은 '추진력', 해외 현지 법인이 많던 대우그룹은 '국제'가 키워드로 나왔다. 선경(SK그룹의 전신)이나 두산은 '인간적인 경영'이라는 키워드를 두고 경쟁했다.

당시 이런 키워드들은 모두 주먹구구식으로 찾은 것이었다. 인사 담당자들은 이 사람 저 사람에게 물어물어 자료를 모았다. 최근에는 과학적 조사와 통계 기법을 사용하는 등 방식이 정교해졌다. 그 결과 기업의 브랜드 이미지를 사람에 비유하는 방식이 안정적으로 자리를 잡게 되었다.

기업과 브랜드에는 여러 사람들이 모여 있다. 만약 어떤 기업이 의인화된 이미지를 가진다면, 그 이미지는 구성원 모두의 개성을 더해서 평균을 낸 것일까? 그렇지 않다. 이는 브랜드를 특정한 성격의 사람으로 의인화하는 방식이다. 예를 들어 삼성은 키 175cm 정도의 전문직 종사자, LG는 서비스업을 하는 30대의 도시 여성, SK는 세련되고 유행에 민감한 키 175~180cm 정도의 남성, 현대는 둥근 얼굴의 유니폼을 입은 남성, 포스코는 턱이 단단한 각진 얼굴에 짧은 머리를 하고 작업복을 입은 남성, 이런 식이다.

물론 실제로 삼성에는 공장을 관리하는 기술직, LG에는 연구 개발에 종사하는 40대 남성, SK에는 키 165cm 정도의 사무 관리직 여성, 현대에는 각진 얼굴에 헤어스타일에 힘을 준 젊은 엔지니어, 포스코에는 양복을 입고 해외 바이어를 만나는 마케터가 더 많을지 모른다. 중요한 것은 브랜드를 실제로 구성하는 사람이 아니라, 브랜드가 이입되는 하나의 특정한 성격이다.

사람의 성격과 브랜드를 연결하면 좋은 점이 많다. 설명하고 이해하기 쉬우며, 구체적인 느낌을 주어 소비자들이 가늠하기에 편하다. 장점은 계속 이어진다. 브랜드 이미지를 관리하기에 편하다. 새로운 성격으로 변화를 준다거나 현재의 성격에서 부족한 부분을 강화하는 등의 이미지

관리도 구체적이고 체계적으로 할 수 있다. 브랜드 이미지를 사람의 성격을 기준으로 만들면 여러모로 좋다.

문제는 사람의 '성격'이 무엇이냐 하는 점이다. 성격은 복잡한 개념이다. 이런 이유로 사람의 성격을 브랜드에 대입한다고 했을 때 나름의 성격 측정 도구를 사용할 필요가 있다. 니드 스코프, 림빅맵 등이 그런 도구인데 이런 전문적인 도구를 사용하려면 지식, 돈, 시간이 있어야 한다. 우리는 그럴 여유는 없다. 대신 앞서 이야기한 원형이나 메타포를 찾아보기를 권한다. 단 문학적 상상력이 필요하다. 이 상상력을 잘 활용한다면, 전체 브랜드 이미지를 간결하게 규정할 수 있다. 여전히 감이 잡히지 않는다면, 〈심리학으로 브랜드 생각하기 6〉에 있는 아홉 가지 유형을 참고해 브랜드 성격(이미지)을 결정하는 연습을 해보는 것도 좋다.

모두에게 사랑받으려는 자
한 명의 사랑도 얻지 못한다

'브랜드 이미지는 뾰족할수록 좋다.'

무라오 류스케(村尾隆介)는 일본에서 작은 기업 브랜딩을 전문적으로 돕는다. 이 사람의 주장은 단순하다. '브랜드 이미지는 뾰족해야 한다.' 뾰족하다는 것은 모두를 만족시키는 것이 아닌, 특정한 사람들에게 호응을 불러일으킬 만한 것이어야 한다는 얘기다. 모두 만족하려면 이미지가 완만해지고, 포괄적이며, 추상적이어야 한다. 반대로 특정한 사람들이 만족하려면 이미지가 뾰족해지고, 제한적이며, 구체적이어야 한다.

기본적인 브랜딩 원리지만, 내 가게에 적용하려고 들면 쉽지 않다. 당장 겁이 난다. A 시장의 소비자만 겨냥해 브랜딩을 하면 나머지 시장이 눈에 아른거린다. B, C, D 시장의 소비자들이

싫어하면 어쩌나 걱정된다. A 시장에서도 고만고만하게 팔리는데, 다른 시장에서 아예 배척당하면 망하지 않을까? 〈심리학으로 브랜드 생각하기 6〉에 소개한 아홉 가지 유형 가운데 한 가지만 선택한다면, 나머지 여덟 가지에 반응할 소비자를 놓치는 것은 아닐까 하는 두려움이다. 결론부터 말하자면 그렇지 않다.

브랜드 이미지는 소비자의 선호와 연결된다. 소비자는 사람이고, 사람은 보통 성격으로 구분한다. 그래서 브랜드 이미지를 사람의 성격에 연결하면 편리하다고 했다.

사람의 성격을 임의로 a, b, c, d 네 가지로 나눠보자. 누군가를 설명할 때 '그 사람의 성격은 a야'라고 한다면, 이 사람은 a라는 성격만 100% 가지고 있을까? 만약 그렇다면 사회생활에서 큰 문제를 겪을 것이다. 성격을 a, b, c, d로 구분할 수 있다면, 대부분의 사람은 네 가지 성격을 모두 갖는다. 다만 네 가지 가운데 한 가지가 다른 세 가지보다 약간 도드라진다. a가 도드라지면 a 성격의 사람이 된다.

이런 현상을 잘 써먹는 사람이 점쟁이다. 마음이 심란해 점을 보러 갔다. 점쟁이가 대뜸 말을 던진다. "명랑하고 활발하다고들 하지만, 마음은 약하네. 외롭겠어. 혼자 울 때도 있지?" 아니면 "내성적이라고들 하지만, 마음속에 불덩어리가 있네. 한번 터지면 아무도 못 말리지?" 용한 점쟁이가 탄생하고, 복채가 술술 나오는 순간이다.

100% 외향적인 사람은 없고, 100% 내성적인 사람도 없다. 아무리 외향적이라도 내성적인 부분이 있다. 내성적이기로 유명한 사람이라도 무언가에 폭발해본 적이 없을 리 없다. 그래서 모든 성격을 건드려주면 용한 점쟁이가 된다. 물론 이렇게 용한 사람에게 복채를 아낄 수는 없다.

이 현상을 브랜드에 적용해보자. 점쟁이보다

좀더 전략적으로 말이다. 사람의 성격을 a, b, c, d로 나누고 그것에 맞춰 브랜드 이미지를 만들기로 했다. 그리고 a라는 성격에 집중해서 브랜드 이미지를 구성했다. 구성이 잘 되었다면 a 성격이 도드라지는 사람이 먼저 반응한다.

그런데 이것은 a 성격이라고 불리는 사람의 마음만 자극하지 않는다. b, c, d 성격이라고 불리는 사람들 마음속에 있는 a 성격에도 작은 불씨를 함께 붙인다. 단 a 성격이라고 불리는 사람의 마음에 불이 먼저 붙어 먼저 행동할 뿐이다. 즉 브랜드 이미지가 a 성격에 정확하게 맞춰진다면, 무라오 류스케의 말처럼 더 뾰족해진다면 a 성격이라고 불리는 사람에게 불이 붙을 확률이 높아진다.

먼저 불이 붙어 행동을 시작한 a 성격 사람이 만족한다면 (물론 이 단계는 브랜드의 문제가 아니라 제품과 서비스 품질의 문제다) 그는 주변 사람들에게 자랑하거나 추천한다. 그런데 이미 주변 사람들도 각자 마음속에 있는 a라는 성격에 작은 불씨가 정확하게 붙어 있다. 이때 외부의 자극이 들어오면, 즉 누군가의 자랑이나 추천이 들어오면 행동으로 옮긴다. 구매하는 것이다.

제한적으로 보일지라도 정확하게, 배타적으로 보일 수 있지만 구체적으로, 완만하지 않고 뾰족하게 집중해야 한다. 제품과 서비스의 품질이 보증된다면, 이런 브랜딩 작업은 큰 효과를 볼 수 있다. 사례를 보자.

콜라 시장은 브랜드를 이야기할 때 자주 인용된다. 콜라 시장은 거대한 대기업이 펼치는 치열한 브랜딩 전략의 싸움터로, 내가 여는 가게나 물건의 규모와는 비교할 수 없다. 그럼에도 콜라 시장을 살펴보는 것은 방금 말한 이론이 맞는 것인지 검증하는 차원이다. 콜라 시장은 이론적으로 검증하기가 상대적으로 쉽다.

콜라는 제품 사이의 품질 차이가 크지 않고, 시장의 반응이 브랜딩에 의해 많이 좌우된다. 또한 콜라는 특별한 시장의 특별한 소비자만 구매하는 상품이 아니다. 따라서 사례를 분석하면 일반적인 이론으로 연결하기 쉽다. 마지막으로 코카콜라와 펩시콜라라는 두 기업이 시장의 대부분을 차지한다. 치열한 브랜딩 전략이 펼쳐지지만, 딱 두 개이기 때문에 비교분석도 상대적으로 정확하다.

펩시콜라는 코카콜라와 브랜드 파워에서 앞서거니 뒤서거니 하는 처지지만, 오랜 기간 미국 시장에서 펩시콜라는 코카콜라의 적수가 아니었다. 그러나 눈을 가리고 더 맛있는 콜라를 고르는 블라인드 테스트에서 펩시콜라가 이기는 경우가 많았다. 즉 '맛'에서는 펩시콜라가 앞섰지만, 사람들에게 콜라는 코카콜라였다. 이는 코카콜라의 브랜드 이미지가 강력하기 때문이다.

블라인드 테스트에 놀란 코카콜라는 콜라의 맛을 펩시 쪽으로 이동시키려고 했다. 그런데 소비자들이 반발하고 나섰다. 코카콜라의 맛은 미국을 상징하니 바꾸면 안 된다는 것이다. 불매운동이 일어나는 등 난리가 났고, 코카콜라는 어쩔 수 없이 기존 콜라 맛을 유지하기로 했다.

이런 상황에서 펩시콜라는 콜라 시장에서 계속 밀렸다. 패스트푸드점에서 판매하는 콜라나 배달 피자에 포함되는 납품용 콜라 시장을 노리기로 했지만 한계가 있었다. 납품 시장에서도 브랜드 이미지 싸움은 벌어지기 때문이다.

이런 와중에 일본에서 위스키로 유명한 산토리라는 음료 회사가 펩시콜라 일본 법인을 인수했다. 산토리는 일본 내 코카콜라와 경쟁하기 위해 인수한 펩시콜라의 독자 브랜딩을 하기로 했다.

콜라는 청소년부터 노인까지 모두 마시는 음

료다. 즉 뾰족하지 않은 시장이다. 소비자 층이 완만하기 때문에 코카콜라 광고에는 뛰어노는 어린이, 사랑에 빠진 젊은 연인, 인자한 할아버지와 할머니 등 모든 연령층의 모델이 등장한다. 모든 소비자들에게 다가가는 브랜드 이미지가 필요했던 것이다.

그러나 산토리의 일본 펩시는 뾰족해지기로 했다. 펩시콜라 브랜드 이미지의 성격을 '젊음'으로 좁혔다. 콜라에서 전통적으로 사용했던 빨간색을 버리고, 젊음과 연결되는 파란색을 사용했다. 콜라 패키지 전면에 파란색을 배치하고, 광고에는 전체적으로 파란색을 과감하게 사용했다. 광고 모델 역시 젊은 층으로 한정해서 배치했다. 일본 펩시가 벌인 '블루 캠페인'은 성공을 거두었다. 심지어 미국 본사도 블루 캠페인 전략을 선택했다.

이런 사례를 찾기는 어렵지 않다. 콜라와 잘

어울리는 옷, 티셔츠로 가보자. 세계에서 옷을 제일 많이 만들어 파는 나라는 어디일까? 중국이다. 그럼 2등은? 베트남이다. 그렇다면 3위는? 이탈리아다. 중국이나 베트남이 중저가 브랜드로 채워진 세계의 옷장이라면, 이탈리아는 명품으로 채워진 세계의 옷장이다. 명품 의류 브랜드가 즐비한 이탈리아에서 신규 의류 브랜드가 자리를 잡는 건 어렵다. 그런데 새 브랜드가 탄생해 성공적으로 소비자들에게 다가갔다. 브랜드의 이름은 '메이드 인 제일(Made in Jail)', 즉 감옥에서 만든 옷이다.

메이드 인 제일의 옷은 실제 이탈리아 감옥에 수감되어 있는 재소자들이 만든다. 감옥 안에 복잡하고 화려한 옷을 만드는 기계를 설치할 수 없다. 재소자들이 의류 업계 전문가들도 아니다. 이 정도의 조건에서는, 무언가가 인쇄되기 전의 비어 있는 공(空) 티셔츠에 간단한 도안을 날염(捺染)

하는 수준으로 옷을 만들 수밖에 없다. 아주 단순한 옷이다. 대신 문자, 문양, 그림 등을 재소자들이 직접 골라서 날염한다.

재소자들이 만드는 매우 단순한 티셔츠는 대박이 났다. 이탈리아에서만 화제가 된 것이 아니었다. 미국 뉴욕에 매장을 내는 데까지 이르렀다. 도대체 왜 사람들은 이 티셔츠에 열광했을까?

감옥에 가고 싶은 사람은 없지만, 감옥은 판타지적 성격을 지닌다. 감옥은 소설과 영화에서 누명을 쓴 주인공, 주인공을 괴롭히는 교도소장과 간수들, 주인공을 돕는 매력적인 동료 재소자들 이야기의 배경이 된다. 그런데 실제 감옥에서, 범죄를 저질러 수감된 재소자들이 만드는 옷이다. 이런 판타지적 성격에 먼저 반응하는 소비자가 있다. 게다가 희소하다. 좋은 옷감에, 멋진 디자인의 옷은 매장에 많다. 그러나 오히려 어디서

나 구할 수 있는 것들이다. 정말 감옥 안에서 진짜 죄수들이 만든 옷이다. 더욱 신비롭다. 브랜드 이미지의 성격이 좁게 설정되었지만 그것이 오히려 승부수가 되었다. 먼저 반응하느냐 나중에 반응하느냐의 시간 문제가 있을 뿐, 뾰족할수록 정확한 반응을 일으킬 수 있다.

IV

작은 가게 브랜드 인지도
시인성과 기억

- 브랜드는 규모가 작아도 다수 집단에 포함되어야 한다.
- 브랜드는 눈에 잘 띄어야 한다. 시인성을 높이기 위해 눈과 뇌가 정보를 처리하는 방식을 활용하자.
- 브랜드는 오래 기억되어야 한다. 여섯 가지 종류의 기억(어의기억, 시각기억, 청각기억, 절차기억, 에피소드 기억, 감성기억)을 활용하자.

인지도가 낮으면 잘해도 욕먹고
인지도가 높으면 못해도 칭찬받는다

착각적 상관(illusory correlation)이라는 심리학 이론이 있다. '소수 집단의 소수 행동과 다수 집단의 다수 행동은 실제 일어나는 빈도보다 더 많이 발생하는 것으로 과대 지각된다'는 내용이다.

수업 시간이다. 교실에는 1명의 선생님과 10명의 학생이 있다. 학생보다 선생님이 적으니 선생님은 소수 집단이고, 학생들은 다수 집단이다. 단순하다. 집단의 구분만큼 행동의 구분도 단순하다. 소수 행동은 일상적이지 않은 실수, 규범에 어긋나는 일탈이나 범죄 등이다. 다수 행동은 규범과 상식에 맞는 행동이다.

여기서 주의할 점이 있다. 소수 행동은 행위자에게도 빈번하지는 않다. 나는 반년에 한 번꼴로 교통위반 딱지를 끊는다. 엄청나게 많이 교통 법규를 위반하는 편이다. 하지만 매일, 매번 운전을 할 때마다 모든 교통 법규를 위반하지는 않는다. 그랬다면 이미 이 세상 사람이 아닐 것이다. 교통 법규를 많이 위반하는 것처럼 보여도, 그 사람의 운전 전체를 보면 법규를 지키는 경우가 더 많다. 비상식적이고 통념에 어긋나는 행동만 하는 경우는 없다.

소수 집단과 다수 집단, 소수 행동과 다수 행동에 대해 알아보았으니 구체적 사례로 들어가자. 미국에는 흑인보다 백인이 많다. 따라서 흑인은 소수 집단, 백인은 다수 집단이다. 미국에서도 물론 범죄는 소수 행동, 준법은 다수 행동이다.

이제 착각적 상관 이론에 대입해보자. '소수 집단의 소수 행동과 다수 집단의 다수 행동은, 실제 일어나는 빈도보다 더 많은 것으로 과대 지각된다.' 이론을 미국에 적용하면 '흑인(소수 집단)의 범죄(소수 행동)와 백인(다수 집단)의 준법(다수 행동)은 실제보다 더 많은 것으로 인식된다.' 흑인이 범죄를 저지르는 비율이 더 낮아도 범죄를 더 많이 저지르는 것처럼 보인다. 반대로 백인은 범죄를 저지르는 비율이 높아도 범죄를 덜 저지르는 것처럼 보인다. 실제 뉴욕 경찰의 조사에 따르면, 마약이나 허가되지 않은 무기를 지니고 있을 확률은 흑인보다 백인이 높다고 한다. 그러나 착각적 상관 현상 때문인지 흑인이 더 범죄를 많이 저지르며, 더 위험하다고 여긴다.

브랜드에서 착각적 상관은 중요하다. 소수 행동은 범죄나 일탈이다. 만약 소수 행동이 주로 이루어지는 곳이 있다면, 기업이 아니라 범죄 조직일 것이다. 기업은 당연히 다수 행동을 많이 한다. 그런데 기업이 다수 집단이 되면, 기업이라면 늘 하는 제작 · 유통 · 판매 등의 행동도 소비자에게 다수 행동으로 인지된다. 남이 다 하는 경영을 똑같이 해도 착한 가게, 착한 메이커, 착한 기업으로 인지된다. 반대로 소수 집단에 속하면 조금만 잘못해도 '저럴 줄 알았던 가게', '어쩐지 마음에 들지 않았던 메이커', '비리를 저지르기 위해 존재했던 악덕 기업'이 될 수 있다.

따라서 브랜드가 다수 집단에 포함되는 것은 중요한 문제다. 그런데 나는 이제 가게를 막 열었고, 매장이 하나고, 판매하는 제품 수는 적으며, 서비스의 규모도 작다. 앞으로 꽤 오랫동안 소수 집단일 것이다. 그런데도 작은 실수 하나 허용되지 않는 팍팍한 상태에 있어야만 할까?

반드시 그런 것은 아니다. 소수 집단과 다수 집단은 실제 규모의 차이에서 비롯되기도 하지만, '접촉하는 횟수'의 문제이기도 하다. 여기에 온라인이 있으니 걱정을 조금은 덜 수 있다. 접촉의 횟수가 중요하므로, 규모가 아무리 작아도 온라인에서 소비자와 접촉 빈도를 높인다면 다수 집단이 될 수 있다. 따라서 인지도를 높이는 것을 최우선으로 해야 한다. 높은 인지도는 시간이 지나면 시험 구매나 애호도의 상승으로 이어질 것이다.

눈의 역사를 알아야 한다

인지도에서 중요한 것은 두 가지다. 우선 시인성. 눈에 잘 띄어야 한다. 그리고 기억. 잘 보이는 것으로 끝나지 않고 머릿속에 남아 있어야 한다.

시인성부터 보자. 시인성은 디자인 문제다. 디자인에서 색은 중요하다. 색의 종류는 수백만 개가 훌쩍 넘지만, 눈에 잘 띄는 색과 눈에 잘 띄지 않는 색으로 나누어볼 수 있다. 빨강, 주황, 노랑은 눈에 잘 띈다. 그럼 이 색들을 디자인에 쓰면 될까? 여기서 끝나면 시인성의 겉장만 보고 마는 것이다. 시인성은 어느 하나의 요소로만 결정되지 않는다. 사람의 눈은 단순하지 않다. 전체적인 시인성은 복합적으로 결정되며, 눈에 잘 띄는 색을 쓰는 것만으로는 부족하다.

한 가지 색으로 끝나는 디자인은 없다. 색이 두 개 이상 사용된다면, 색과 색의 관계를 보아야 한다. 이때 두 색 사이의 밝기 차이가 클수록 눈에 잘 들어온다. 흰 종이 위에 검은색 글씨가 주는 높은 가독성은 밝기 차이에서 비롯된 것이다.

다음은 배색이다. 특히 눈에 잘 띄는 배색이 있다. 그런데 이런 배색은 몇 가지밖에 없다. 스타벅스 간판의 시인성이 높은 것도 이 때문이다. 밝기대비만큼이나 시인성을 높여주는 색상조합이 있다. 조합의 수가 많지 않으니 기억해두면 좋다. 눈에 잘 띄는 배색을 살펴보자.

녹색 배경에 붉은색이 있으면 시인성이 매우 좋다. 서로 보색 관계인 붉은색과 녹색은 메모해둘 필요가 있다. 녹색 배경에 있는 붉은색이 시인성에서 월등하기 때문이다. 이는 사람을 포함한 대부분의 유인원에게서 공통적으로 나타나는 현상이라고 한다. 유인원의 망막에는 녹색 배경에 붉은색 점에 반응하는 '이중수용장 세포'가 있다. 자연에서 녹색 배경의 붉은색 점은, 나무에 달려 있는 잘 익은 열매다. 열매를 잘 찾

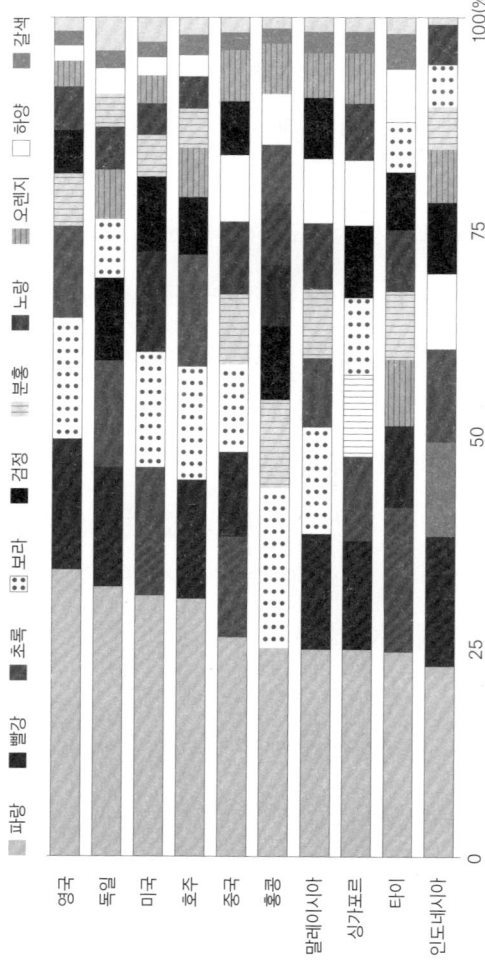

아내는 능력은 나무에서 열매를 따먹고 살던 유인원에게 필수적이었을 것이다. 유인원이 나무에서 땅으로 내려오기는 했지만, 그때 발달했던 기능이 아직 유전되고 있는 것으로 학자들은 보고 있다. 녹색 배경에 붉은색을 쓰면 시인성이 높아진다.

노란색과 검정색을 함께 쓰는 것, 빨간색과 검정색을 함께 쓰는 것도 시인성을 높이는 배색이다. 자연에서 노란색과 검정색, 빨간색과 검정색이 함께 들어 있는 동물과 식물에는 맹독이 있는 경우가 많다. 먹으면 죽는 것을 피하는 것도 생존에 필수적인 능력이다. 이것도 역시 유전되었을 가능성이 높다. 그래서 노란색과 검정색, 빨간색과 검정색을 함께 쓰면 시인성이 높아진다. 단 가독성이 좋지 않다는 점에 주의해야 한다. 이런 배색은 눈길을 끄는 데 효과적이지만 글자와 배경색으로는 적합하지 않다.

배색 다음에는 선호도다. 좋아하는 색을 쓰면, 자연스럽게 시인성도 높아진다. 파란색은 선호도가 높은 색이다. 전 세계 사람들을 대상으로 어떤 색을 좋아하는지 조사한 연구가 있다. 1위는 파란색이었다. 중국에서도 마찬가지였다. 중국 사람들은 붉은색을 좋아하는 것으로 알려져 있다. 그런데 실제 조사를 했더니 중국 사람들도 파란색을 제일 좋아하는 것으로 나왔다.

좋아하면 눈에도 잘 보인다. 색상만 놓고 본다면 붉은색이나 노란색보다는 파란색을 사용하는 것이 좋을 것이다. 색이야 미세한 채도나 밝기의 변화만으로도 느낌과 선호가 달라지고 국가마다 조금씩 차이가 나기도 하지만 일반적으로 파랑, 빨강, 보라, 초록, 분홍, 검정, 오렌지, 노랑 등의 순이니 메모해 둘 필요가 있다. 참고로 하나 더 이야기하면 색상이 갖고 있는 고유의 시인성은 오렌지, 빨강, 파랑, 검정, 초록, 노랑, 보라, 회색 순이다.

그러나 명심해야 할 것은 배색과 선호도를 신경 썼더라도, 밝기 차이가 적으면 소용없다는 점이다. 밝기 차이에 집중하자.

심리학으로 브랜드 생각하기 8

사용하려는 디자인의 시인성이 궁금하다. 어떻게 점검할 수 있을까? 가장 쉽고 빠른 방법은 최종 디자인 시안을 흑백으로 복사해 밝기 대비의 정도를 보는 것이다. 글자에 그림자를 넣어 입체감을 주거나, 녹색 배경에 빨간색, 전체적인 파란색 톤으로 디자인을 잡았다고 해서 시인성이 반드시 높아지는 것은 아니다. 복사해 놓고 보면 정확하게 판단할 수 있다.

〔Fig.2〕를 보자. 멋있으라고 넣은 그림자는 글자의 윤곽을 뭉갠다. 좋은 색을 모두 가져다 써도, 밝기가 비슷하면 글자가 잘 구분되지 않는다. 소비자는 가게 주인도 디자이너도 아니다. 대부분 무심하게 스쳐 지나갈 뿐이다. 그 짧은 시간에 모든 것을 보여줄 수는 없다. 스쳐가는 소비자의 머릿속에 간신히 넣을 수 있는 것은 밝기 차이로 인한 시인성이다.

눈의 역사 다음에는 뇌의 구조

시인성을 높이기 위해 뇌 구조를 이용할 수도 있다. 사람의 뇌는 좌반구와 우반구로 되어 있다. 우반구는 전체적인 정보를 처리하는 데 우세하고, 좌반구는 세부적인 정보를 처리하는 데 우세하다. '우세하다'는 표현을 쓰는 이유는 우반구와 좌반구의 역할이 정확하게 구분되는 것은 아니기 때문이다. 우반구도 세부적인 정보를 처리하고, 좌반구도 전체적인 정보를 처리한다. 다만 대체적으로 우반구와 좌반구의 역할이 이런 도식으로 나뉜다.

우반구와 좌반구가 이렇게 작동하므로, 사람들이 새로운 시각적인 정보를 처리할 때는 왼쪽부터 오른쪽으로 시선을 움직인다. 왼쪽을 보면 우반구가 상대적으로 더 활성화되며, 오른쪽을 보면 좌반구가 상대적으로 더 활성화된다. 즉 왼쪽에서 오른쪽으로 본다는 것은, 전체적인 정보를 먼저 파악하려는 무의식적 동기가 우반구를 더 그리고 먼저 활성화시켰다는 말이다. 물론 이것도 오른손잡이의 경우 일반적으로 그렇다는 것이지, 모두 그렇지는 않다.

영화, 드라마, 광고를 찍을 때 카메라의 움직임은 이런 뇌의 반응을 이용하기도 한다. 순패닝과 역패닝이다. 순패닝은 카메라의 시선이 왼쪽에서 시작해 오른쪽으로 이동하는 것을 말한다. 이런 이동 방식은 시각 정보 수집을 위해 뇌가 작동하는 일반적인 방식이기 때문에 익숙하다. 따라서 카메라의 시선이 순패닝으로 움직이면 관객들은 화면에서 안정감을 찾는다. 차분히 이야기를 설명해야 할 때 순패닝 기법을 사용한다.

반대로 카메라의 시선이 오른쪽에서 시작해 왼쪽으로 움직이면 관객들은 불안함을 느낀다. 거꾸로 정보를 수집해나가는 방식은 익숙하지 않고 긴장을 자아낸다. 공포영화나 액션영화에서는 역패닝 기법을 활용한다.

연극에서도 주인공을 비롯한 포지티브한 인물은 무대 왼쪽에서 등장해 오른쪽으로 이동하며 무대 중앙으로 온다. 반대로 악당을 비롯한 네거티브한 인물이나 의외의 인물은 무대 오른쪽에서 등장해 왼쪽으로 이동하며 무대 중앙으로 온다.

이를 브랜드 디자인에 활용할 수 있다. 인쇄물 디자인에서 전체적인 정보인 브랜드 로고나 이미지 등은 왼쪽에 배치한다. 텍스트처럼 자세한 정보는 오른쪽에 정리하면 자연스럽다. 매장의 경우 제품 진열대를 꾸밀 때 활용할 수 있다. 들어오는 손님의 왼쪽에는 행사 상품 등을 진열해 첫 번째 시선을 끈다. 그리고 시선이 움직이는 오른쪽에는 일반 판매품을 진열하는 방법이다. 이렇게 눈과 뇌의 구조를 알면, 즉 신경생리학적인 방법을 이용하면 시인성 높은 브랜드 디자인을 하는 데 도움이 된다.

한때 '왼쪽 마케팅'이라는 말이 유행한 적이 있다. 좌뇌와 우뇌의 작동 방식을 응용한 마케팅을 과장해서 표현한 것이다. 이 방법이 효과를 정확하게 보려면, 고객의 위치가 고정되어 있어야 한다. 매장 입구처럼 고객의 자세나 방향이 일정한 상황에서만 제한적으로 적용해볼 수 있다.

다음은 '각성'이다. 우리 몸의 근육은 긴장과 이완을 반복한다. 무거운 역기를 들 때 근육은 긴장한다. 그런데 뇌도 마찬가지다. 새롭거나 중요한 정보를 보고 들으면 뇌가 긴장한다. 이렇게 뇌가 긴장하는 것을 '각성'이라고 부른다.

각성이라고 하면 공포영화를 볼 때처럼 충격적인 정보들이 뇌로 들어올 때 일어나는 급격한 상태만을 생각하기 쉽다. 그러나 각성은 수면의 반대 상태다. 정도의 차이를 두고 끊임없이 일어난다. 근육은 역기를 들 때도 긴장하지만, 컵을

들 때도 긴장한다. 눈앞에 연예인이 나타나야만 뇌가 각성하는 것은 아니다. 평범한 외모를 지닌 사람이 등장해도 뇌는 각성한다. 각성의 수준이 낮을 뿐이다.

브랜드를 접하는 순간 사람들에게 어느 정도 각성이 일어나겠지만, 그 수준을 높일 수 있다면 마치 좋아하는 연예인을 실물로 본 것처럼 큰 임팩트를 줄 수 있다. 당연히 브랜드 시인성도 따라서 높아진다.

뇌의 각성 수준을 높이려면 '대비'를 활용하면 좋다. 즉 제품이나 매장, 패키지, 브랜드 등을 디자인할 때 대비에 신경 써야 한다. 대비는 대부분의 예술에서 핵심적으로 나타나는 구조적 특징이다. 앞서 밝기 대비를 이야기했지만, 여기서는 밝기를 포함한 색상의 대비는 물론 모든 구성적 대비를 포함해서 말하고 있다. 영화, 음악, 미술, 연극 등은 대비를 통해 감상자들의 각성수준을 조절해 예술적 감흥을 느끼게 한다.

대비는 긴장을 불러오며, 긴장은 각성의 다른 말이다. 영화나 드라마에는 극단적으로 악한 사람과 극단적으로 착한 사람이 나온다. 현실에서는 악하기만 하거나, 선하기만 한 전형적인 사람을 만나기 어렵다. 그런데 극에서는 이런 사람들이 한꺼번에 등장한다. 대비가 발생하고 심리적 긴장이 높아진다. 우여곡절 끝에 선한 주인공이 악당을 응징한다. 대비가 사라지고, 긴장이 풀리고, 쾌감이 오는 카타르시스다. 카타르시스는 결국 뇌의 각성 수준이 낮아지는, 긴장했던 뇌가 이완되는 현상이다. 그러나 브랜드를 디자인하는 데 선과 악을 대비시킬 수는 없다. 대신 색상, 밝기, 채도, 질감 등을 대비시킬 수 있다.

한 가지 확인하고 갈 것은 오미 겐타로(近江源太郞)라는 조형심리학자의 주장으로, 감상자들 마음속 평가 기준에 대한 것이다. 디자인에서는 대비 요소와 유니크 요소가 중요 평가 기준인데, 순수미술 작품에서는 이 두 가지에 더해 조화 요소가 하나 더 있다고 한다.

오랫동안 감상해야 하는 예술 작품에는 대비가 주는 자극성을 적당히 완화시켜줄 조화의 요소가 필요하다. 색을 쓸 때 대비가 필요하지만, 비슷한 색의 배색을 사용해 심리적 긴장을 이완시켜주는 것도 필요하다는 얘기다. 디자인에서도 인테리어, 익스테리어 디자인 등 오래 두고 쓸 디자인에서는 '조화'에 무게를 두어 세련미를 갖추어야 한다. 즉 디자인에서도 대비로 인한 강한 각성 효과를 완화시켜줄 무엇이 필요하다.

그래서 대비를 완화시켜줄 무엇이 필요하다. 예를 들어 색상대비라면 검정, 흰색, 회색과 같은 무채색이나 메탈릭 컬러, 그림자 등의 브릿지 컬러(bridge color)를 쓰는 것이 좋다. 또한 보색의 경계면을 잘게 쪼개 상호 침투시키기, 혹은 두 색에 눈에 띄지 않을 정도로 특정 색을 더해 두 색의 심리적 거리를 좁히는 방식 등을 사용해야 한다.

대비 이야기로 돌아가보면, 브릿지 컬러 등을 사용해 완화시켜야 할 정도로 강한 대비를 이루는 색의 쌍이 보색이다. 색상환에서 반대쪽에서 마주하고 있는 색들이다. 보색을 잘 활용하면 각성수준을 높이는 데 도움이 된다.

반복해서 말하지만 명암대비는 중요하다. 밝기 차이가 크면 시인성이 좋아진다고 했다. 여기에 각성수준도 높아진다. 로고의 경우 글자와 배경 사이의 밝기 차이가 클수록 각성수준이 높아진다. 물론 시인성과 가독성도 좋아진다. 색상, 밝기가 나왔으니 채도가 나올 차례다. 그러나 채도는 색상과 명암 대비보다 효과가 크지 않다. 모든 것을 다룰 수 없다면 가장 효과가 좋은 것, 즉 색상과 밝기 대비 중심으로 고민하자.

질감은 어떨까? 부드러운 것과 날카로운 것, 깨지기 쉬운 것과 단단한 것은 대비를 일으킨다. 건축가 안도 다다오는 콘크리트와 유리를 함께 사용하는 것으로 유명하다. 이것도 대비다. 상품 진열장을 만들어야 한다면, 가령 틀은 콘크리트 블록처럼 단단한 것으로 만들되, 유리나 거울 등 깨지기 쉬운 재질의 부자재를 적극 활용하는 것은 효과적인 대비를 만들어낼 수 있을 것이다. 핵심은 손님의 뇌가 '긴장과 이완'을 반복하게 만드는 것이다.

유전자는 힘이 세다

소실점

시각의 1차적인 기능은 생존에 필요한 주변 환경에 대한 정보를 얻는 것이다. 그래서 시선은 많은 정보를 담고 있는 곳에 우선적으로 가게 되어 있다. 다른 사람의 얼굴을 볼 때 제일 먼저 어디를 보는지 조사해보면, 상대의 눈을 보는 경우가 많은 것으로 나타난다.

사람의 눈동자는 흰자위와 검은자위가 구분된다. 이 구분으로 인해 어디를 어떻게 보고 있는지에 대한 시선 정보가 드러난다. 이는 관심이나 호감도를 드러내는 기초 자료를 제공한다. 관심이나 호감도 측정처럼 중요한 정보가 많은 곳이니 자연스럽게 상대방의 눈으로 시선이 간다.

이런 메커니즘 때문에 우리의 눈은 자동으로 이 소실점을 찾는다. 뇌는 왜 소실점을 찾게 만들까? 학자들은 소실점이 지평선과 관계있을 것으로 추정한다. 수백만 년 전 산과 들에서 인류의 조상이 살아가던 때, 지평선은 중요한 정보를 얻을 수 있는 곳이었다. 해가 뜨고 지는 방향을 확인할 수 있고, 사냥감이나 맹수가 나타나는 것을 볼 수 있는 곳이었다. 지평선을 찾는 것은 거리와 높이, 멀고 가까움을 확인하는 과정이다. 그리고 이 과정의 끝에 소실점이 있다.

물론 현대인은 동서남북을 구분해야 할 필요도 없고, 맹수나 먹잇감을 찾아야 할 필요도 없다. 그러나 인류의 조상들에게는 꼭 필요한 능력이었고, 우리는 이를 물려받아 아직도 본능적으로 소실점을 찾는다.

사람의 눈과 뇌가 그렇다면 브랜드도 따라갈 필요가 있다. 사람이 본능적으로 소실점을 찾는다면, 소실점을 만들어주어야 한다. 좋은 브랜드 디자인에는 소실점이 등장한다. 그리고 소실점에 브랜드에 대한 가장 중요한 정보를 배치한다. 사람들이 자기도 모르게 소실점에 집중하기 때문에, 브랜드를 효과적으로 노출시키는 효과가 있다. 작은 전단지를 만들거나 웹 페이지를 만들 때도, 텍스트 뭉치의 전체 윤곽선이나 이미지의 윤곽선을 연장해 형성되는 소실점을 활용하면 브랜드의 시인성을 높일 수 있다.

대칭인 이미지도 시인성이 높다. 사람들은 비대칭보다 대칭을 아름답다고 느끼는 경향이 있다. 비대칭은 불균형이고 대칭은 균형이다. 균형이 잡혀 있을수록, 즉 대칭일수록 신체 능력이 뛰어나고 건강하다. 뛰어난 신체 능력과 건강함은 우월한 유전자에 대한 표시다. 사람들은 본능적으로 우월한 유전자 정보를 찾는다. 따라서 대칭을 찾고, 대칭에 선호를 보낸다.

여기서 한 가지 주의할 것은 완벽한 대칭보다는 '대칭을 이루는 것 같은 이미지'가 더 좋다는 점이다. 대칭을 이루는 것 같은 이미지로 각종 디자인을 구성하면 사람의 눈을 잠시 더 잡아둘 수 있다. 시인성도 그만큼 높아질 것이다.

게슈탈트

'게슈탈트(Gestalt)'는 독일어로 '형태'라는 뜻이다. 심리학 용어로는 '온전'이나 '전체'라고 번역한다. 게슈탈트는 사람들이 실제로 없는 형태를 상상해서 만드는 경향을 개념화한 것이다.

주위 사람에게 [Fig.3]을 설명해달라고 부탁해보자. 아마 두 개의 사각형이 겹쳐져 있다고 대답할 것이다. 그러나 실제로는 사각형 1개와 두꺼운 ㄴ 모양의 도형이 있을 뿐이다. 평면에 그려진 그림이니 가려져 있을 것이 없다. 그런데 있지도 않은, 두꺼운 ㄴ 모양의 없는 부분을 상상해서 완성한다. 아무도 시킨 적이 없지만 뇌 스스로 온전한 형태나 전체의 형태를 찾는 것이다.

게슈탈트도 자연에서 살아가기 위해서 필요한 능력이었다. 숲 속에는 풀과 나무가 많다. 인류의 조상들은 풀과 나무 뒤에 사냥할 동물이 있는지, 아니면 나를 사냥하려는 동물이 있는지 빠르고 정확하게 파악해야 했다. 따라서 여러 장애물에 가려 일부의 모습만 보이는 상황에서도, 보이지 않는 부분을 상상해 전체의 모습을 그릴 수 있어야 했다. 호랑이인지 고양이인지 헷갈리면 목숨이 위태로웠기 때문이다.

우리 뇌는 게슈탈트를 완성하려고 한다. '완성하려고 한다'는, 뇌가 능동적이 되고 각성수준이 높아진다는 뜻이다. 당연히 시인성도 높아진다. 브랜드 디자인을 할 때 게슈탈트 장치를 활용하면 시인성을 높일 수 있다.

눈의 예민함

내가 대학원에 다닐 때 아르바이트를 한 적이 있

었다. 스튜디오에서 외국 유명 스포츠 브랜드의 신발 광고 사진을 찍는 작업을 돕는 일이었다. 우선 외국 본사에서 광고 사진 촬영에 대한 기본 가이드가 온다. 그 가이드에 맞춰 현지 시장에서 가장 인기 있는 제품을 중심으로 광고 사진을 찍는다.

멋진 스포츠 브랜드의 광고 작업이기에, 나는 기대를 안고 현장에 갔다. 그러나 작업은 길고 지루했다. 색깔, 크기 등이 다른 여러 종류의 운동화를 한 무더기 쌓아놓는다. 그리고 한가운데에 광고하려는 제품을 섞어 놓는다. 한참 동안 조명 등 다른 촬영 조건을 세팅하고 나서 본격적으로 촬영에 들어간다.

촬영은 단순하다. 광고하려는 제품에 초점을 맞춘 다음, 카메라 렌즈를 아주 조금씩 계속 돌리면서 같은 사진을 연이어 찍는다. 초점도 맞춰진 상태이기 때문에 다른 조건은 하나도 건드리지 않고 카메라 렌즈만 조금씩 돌린다. 그렇게 수백 장의 사진을 찍는 작업을 반복한다. 최고의 사진가가 모든 준비를 마치고 초점까지 잡았으면 그냥 찍으면 될 것을, 같은 사진을 계속 반복해 찍는 이유가 무엇이었을까?

고급 카메라 렌즈는 숙련된 장인이 손으로 정밀하게 세공한다. 그러나 손이 하는 일이라 렌즈에 아주 미세한 곡률 차이가 생긴다. 카메라 렌즈를 돌리는 이유는 이 곡률 차이를 잡아내기 위해서다. 카메라 렌즈를 계속 돌리면서 수백 장의 사진을 찍다보면 상이 가장 잘 맺히는 한 장을 건질 수 있다. 작은 뷰 파인더로 보았을 때는 이것을 잡아낼 수가 없으니, 일단 수천 장을 찍어 필름을 확대경으로 보며 찾는다. 이렇게 찾은 한 장의 사진을 광고에 쓴다.

놀라운 점은 사람의 눈이 나머지 수천 장과 그 한 장의 차이에 반응한다는 점이다. 뷰 파인더로는 어렵지만, 인쇄된 이미지에서는 찾을 수 있다고 한다. 눈이 반응하는 것이다. 전문 사진가처럼 훈련된 사람만 반응할까? 그렇지 않다. 훈련을 받지 않았다고 하더라도 눈은 반응한다. 물론 의식적으로 그 차이를 구별해낼 수는 없지만, 무의식적으로 정확한 상으로 찍힌 사진에 반응한다. 그러니 그 지루한 고생을 하며 광고 사진을 찍는다.

사람의 눈이 선명한 상에 반응한다면, 역시 이것도 시인성을 높일 수 있는 기회다. 브랜드와 같이 시인성을 높여야 하는 것은 선명하게, 그 이외의 것은 약간 흐릿하게 디자인을 하는 것도 방법이 될 수 있다. 물론 인쇄 사고가 난 것처럼 흐릿하게 해서는 곤란하겠지만 말이다.

한 번 보고 끝나면 의미가 없다
머릿속에 오래 남겨야 한다

여러 방법을 써서 사람들 눈에 잘 띄게 브랜딩을 했다. 고생해서 시인성을 높여놨는데, 그래서 사람들 눈에는 잘 띄는데, 정작 한 번 보고 잊어버린다면 골치 아프다. 브랜딩에서 시인성 못지않게 기억도 중요하다.

많은 심리학자들이 사람의 기억을 연구한다. 그러나 기억이 무엇인지 정확하게 설명하지 못한다. 아직 연구할 것들이 많다. 다만 몇 가지 밝혀진 기억의 작동 원리를 이용하면, 브랜드를 좀 더 오래도록 잘 기억할 수 있는 장치를 만들어둘 수 있다.

심리학자들이 기억에 대해 밝혀낸 것 가운데 하나는, 기억에 여러 가지 종류가 있다는 점이다. 어의(語義)기억, 시각기억, 청각기억, 절차기억, 에피소드 기억, 감성기억 등 기억의 종류는 다양하다. 보통 기억력이 좋다고 말할 때, 모든 종류의 기억에 대한 능력이 좋은 것은 아니라고 한다. 여러 가지 기억력 가운데 한두 가지가 좋다면 기억력이 좋은 사람이 된다. 즉 모든 사람들은 저마다 종류별로 다른 수준의 기억력을 지니고 있기 때문에, 특정 기억에만 집중하는 것은 효과적이지 않을 수 있다. 더구나 각각의 기억들은 때로는 독립적으로, 때로는 서로 연결되어 있다. 그러니 더욱 한 가지 기억에만 집중해서는 안 된다.

어의기억

어의(語義)기억은 말의 의미를 기억하는 것이다. 스마트폰과 인터넷 검색 기능의 발전으로 인해 무언가를 외우는 일이 줄어들었다. 그러나 여전히 외워야 할 것들은 있다. 특히 시험을 앞두고 있다면 역사적 사건이 일어난 순서를 외우거나, 화학 교과서에 나오는 원소기호를 외워야 한다. 이럴 때 무작정 외우면 성적표는 붕괴한다. 그래서 외울 것들의 앞 글자를 따서 말을 만들어낸다. 금의 원소기호는 Au이다. 금과 Au는 전혀 연결이 안 되지만, 일부러 말을 만들어낸다. '금은 아우(Au) 비싸'라고 (비록 정말 유치하지만) 말의 의미를 만들면 잘 기억된다.

무작위의 여러 가지를 기억하기는 어렵지만, '의미'가 있는 한 가지를 기억하는 것은 어렵지 않다. 여기서 의미는 '말의 뜻', 즉 어의다. 그러니까 사람들은 뜻이 있는 말을 더 잘 기억하는 경향이 있다. 어의기억이다.

'제크'라는 과자가 있다. 1994년에 출시되었는데, 지금도 많은 사람들이 찾는 스테디셀러 상품이다. 제크는 리츠(Ritz)라는 외국 과자 브랜드와 비슷하다. 리츠는 세계적인 브랜드로 판매로 따지면 지금도 상위권에 들어가는 제품이다.

리즈의 한국 판매권을 가지고 있던 롯데제과는 비슷한 제크를 개발해서 출시했고, 리즈를 구매하던 고객들이 제크로 빠르게 넘어왔다고 한다.

리즈라는 이름이 특별한 의미를 가지고 있던 것은 아니다. 새로운 비스킷을 개발하고 이름을 붙이려던 개발자가 우연히 친구의 모자를 보았다. 커다란 챙이 있는 모자였는데, 둥근 챙에 각각 R, I, T, Z라는 단어가 적혀 있었다. 그걸 보고는 리츠라고 이름을 정했다고 한다. 리츠가 미국에서 처음 출시되었을 때는 1934년으로 대공황기였다. 부유함에 대한 갈망이 있던 사람들에게 호화로운 리츠 칼튼 호텔은 경외의 대상이었는데, 리츠라는 이름은 리츠 칼튼 호텔이 연상되는 우연한 효과도 있었다. 제크(ZEC)도 리츠와 비슷하게 이름에 큰 의미는 없다.

그런데 당시에 대학생들이 많이 참여하는 브랜드 디자인 공모전 심사를 가보면 재밌는 일들이 있었다. 매년 한두 팀은 꼭 제크의 브랜드 리뉴얼 작품으로 "제대로 만든 크래커, 제크(ZEC)"를 카피로 해서 출품했다. 창의성과 아이디어를 겨루는 공모전이었으니, 베끼지는 않았을 것이다. 그저 사람들은 다들 비슷하게 생각했던 것이다. 어의기억을 활용해, 말의 의미를 만들어 소비자의 머릿속에 기억시키려는 브랜드 디자인이었다. 그리고는 얼마 지나지 않아, 롯데제과는 "제대로 만든 크래커, 제크(ZEC)"라는 광고를 시작했다.

만약 만드는 제품이나 가게의 브랜드를, 말의 뜻으로 기억될 수 있게 만든다면, 사람들 머릿속에 좀 더 오래 남게 할 수 있다. 2080 치약, T.O.P. 커피, 그램 노트북 등도 모두 비슷한 원리라고 할 수 있다.

시각기억

시각기억은 눈으로 본 것을 기억하는 것이다. 한 번 본 것을 마치 사진 찍듯이 기억하는 포토그래픽 메모리와는 구별해야 한다. 포토그래픽 메모리는 서번트 증후군 같은 자폐증에서 나타나는 현상이다. 시각기억은 어떤 것을 보았을 때, 시각적으로 구조를 파악해 기억하는 것이다. 예를 들어 사람의 얼굴을 기억하는 것도 시각기억이다.

친한 친구의 얼굴은 멀리서도 쉽게 알아볼 수 있다. 군중 속에 가족이 섞여 있어도 쉽게 찾아낸다. 이것은 사람의 얼굴을 기억하는 시각기억이 '구조'와 '원리'에 집중하고 있기 때문이다. 멀리 떨어져 있어도 금방 알 수 있는 친구의 얼굴, 많은 사람들 속에 섞여 있어도 금방 찾아낼 수 있는 가족의 얼굴이지만, 실제 기억하고 있는 얼굴에 대한 정보는 많지 않다. 군중 속에서도 찾아낼 수 있었던 친한 친구. 그 친구에게 쌍꺼풀이 있나 없나? 동생의 눈썹이 어떻게 생겼는지 그려볼 수 있나? 우리는 얼굴을 기억할 때 세부적인 정보를 기억하지 않는다. 만약 그렇다면 군중 속에서 아는 사람의 얼굴을 빠르게 찾아내기는 힘들 것이다. 모든 사람들의 특징을 비교해서 찾아야 하기 때문이다. 대신 얼굴 구조를 기억한다. 전체적인 형태가 중요하고 구조가 중요하다.

HSBC는 홍콩 상하이 은행(Hongkong and Shanghai Banking Corporation)의 영문 앞 글자다. 설립된 지 150년 넘는 오래된 기업으로, 1998년 단순한 형태로 로고를 교체했다. 로고는 붉은색과 흰색의 삼각형으로 디자인되었는데, 형태가 단순해 사람들의 머릿속에 잘 기억될 것으로 예측했다. 그러나 고객들은 새롭게 바뀐 HSBC의 로고를 잘 기억하지 못했다. 잘 기억되라고 로고 디자인을 바꾸었는데, 괜히 바꾼 셈이 되었다. HSBC는 고객들이 브랜드를 잘 기억할 수 있도록 홍보를 시작했다.〔Fig.4〕

HSBC의 로고는 흰색과 붉은색의 삼각형으로 되어 있다. 어린이들이 가지고 노는 퍼즐과도 비슷해, 상어와 같은 동물이나 사람의 모양으로 만들 수 있었다. 물론 실제 이렇게 생긴 상어나 동물은 없다. 그러나 누가 시키지 않았음에도, 사람의 두뇌는 연상 과정을 수행한다. 구조를 파악하고, 유사한 구조가 무엇인지 찾아낸다. 그리고 기억한다.

시각기억을 강화하려면 몇 가지 규칙을 지키는 것이 좋다. 특이하거나 익숙하지 않은 형태가 좋다. 미국의 구두와 악세서리 전문 숍 〈헤이즐(HAZEL)〉은 꽃 문양을 모든 패키지의 안쪽에만 넣었다. 쇼핑백의 겉면은 흰 바탕인데, 살짝 보이는 안쪽에 꽃무늬가 가득하다. 보여주려는 무늬가 바깥에 있기 마련인데 반대다. 이렇게 형태적·구조적 특이함이 눈에 들어오면 시각기억으로 잘 남는다.〔Fig.5〕

형태의 구조적 특징을 쉽게 이해할 수 있는 디자인은 오래 기억된다. 스페인의 패션 브랜드 〈토치(Torch)〉는 바늘과 실로 모기의 형태를 만들었다. 기발함과 특이함에 더해 형태의 구조적 특징이 한 순간에 들어온다.〔Fig.6〕

청각기억

음악을 듣고 한번에 외워서 악기로 연주하는 사람들이 있다. 청각기억이 발달한 사람들이다. 청각기억은 시각기억보다 오래가는 것으로 알려져 있다. 어렸을 때 보았던 광고의 내용이나 장면을 기억하지 못해도 광고의 음악이나 로고송은 기억나는 경우가 있다. 청각기억의 유통기한이 더 길다는 것을 보여주는 사례다. 청각기억을 이용하는 전형적인 방식이 효과음이나 로고송이다. 음악이 아니더라도 "사각사각 배" 같은 의성어나, "오로나민 씨"와 같이 독특한 발음도 청각기억을 자극한다.

최근에는 모든 감각을 자극하는 브랜딩이 주목을 끈다. 핵심은 소리와 향기다. 향기, 즉 후각도 원시적인 감각기이기 때문에 한번 기억되면 감성적 효과와 기억효과가 크다. 그런데 요식업을 한다면 음식 고유의 향에 무엇을 추가하기는 어렵다. 이럴 경우에는 음악이나 점원의 접대 멘트를 이용하는 것도 청각기억을 활용하는 좋은 방법이다.

한때 일본식 선술집인 이자카야에서 손님이 들어오면 점원들이 "이랏샤이마세(いらっしゃいませ.어서오세요)"라고 소리를 질렀다. 청각기억을 자극하는 브랜딩의 일종으로 볼 수 있다. 발음이 어려운 GM의 〈쉐보레〉가 입모양 사

진으로 정확한 발음을 알려주는 광고를 한 적이 있는데, 이도 청각기억을 자극하는 사례로 볼 수 있다.

절차기억

절차기억은 운동기억이라고도 부른다. 운동은 한 동작을 하고 다음 동작을 하는, 순서의 문제다. 항상 그런 것은 아니지만 절차기억은 한번 입력되면 잘 사라지지 않는다. 어릴 때 자전거 타는 법을 배우고 한참 자전거를 타지 않다가도, 자전거에 앉으면 페달을 밟고 비틀비틀 앞으로 나간다. 한창 자전거를 탈 때만큼은 아니지만, 수십 년이 지나도 자전거를 탈 수 있다. 기억이 완전히 사라지지 않는다.

만약 제품이나 서비스에 절차를 넣어주면 절차가 머릿속에 남으면서 브랜드가 기억될 것이다. 대표적인 예가 쿠폰이다. 쿠폰은 소비자에게 절차를 경험하게 한다. 제품이나 서비스를 구매하고 쿠폰을 받는다. 받은 쿠폰은 저장한다. 일정하게 모인 쿠폰은 사용할 수 있는 일정한 규칙에 따라 다시 제품이나 서비스로 돌려받는다. 아주 간단한 쿠폰이라도 3개의 절차가 필요하다. 소비자는 제품이나 서비스를 저렴하게 제공받기 위해 쿠폰을 모은다고 생각할 수 있다. 그러나 절차기억이 소비자들 머릿속에 남아 있기 때문에 그 브랜드에 다시 접촉하는 것일 수도 있다. 쿠폰 이외에 일반적으로 많이 쓰이는 것으로 이벤트 퀴즈도 있다.

좀더 복잡한 절차기억도 있다. 일본의 한 백화점 남자 양복 브랜드의 사례다. 내부 인테리어를 바꾸기 위해 3개월 동안 매장을 닫았다가 다시 열어야 하는 때가 되었다. 재개장을 알리는 포스터를 만들었고, 포스터는 사람들이 많이 찾는 편의점 옆에 부착되었다.

그런데 포스터 속에는 젊은 남성이 속옷만 입고 서 있었다. 반나체의 남성의 모습에 화들짝 놀라면서 편의점으로 들어가면 해답이 있다. 벌거벗은 남성에게 입힐 수 있는, 해당 브랜드의 다양한 디자인으로 만든 종이옷들이 있다. 종이로 만든 셔츠, 바지, 재킷, 코트, 신발, 가방, 모자 등이 편의점 안에 있다.

헐벗은 젊은 남성에게 옷을 입히고 싶은 사람은 편의점 직원에게 이야기를 하고, 원하는 스타일로 코디한 종이옷을 받아서 포스터에 붙인다. 그날은 처음으로 종이옷을 받아간 사람의 패션 스타일로 포스터가 완성된다. 다음날 남성 모델은 다시 누드가 되고, 새로운 손님이 새로운 스타일로 옷을 입힌다. 물론 포스터가 붙어 있는 편의점에 따라 모두 다른 스타일이 연출된다.

제법 복잡한 절차다. 그러나 절차에 참여했거나 게임의 규칙을 알게 된 사람은 브랜드를 잊기 힘들어진다. 절차를 기억하는 것이지만 브랜드도 함께 기억되기 때문이다. 최근 브랜드들마다 고객이 직접 참여할 수 있는 방식의 이벤트를 연다. 절차기억 강화에 도움이 된다.

시각기억과 어의기억처럼 서로 연동되는, 궁합이 좋은 기억들이 있다. 반대로 궁합이 안 맞는 경우도 있다. 절차기억은 어의기억과 연동이 어렵다.

새 집으로 이사간 지 며칠이 지났다. 이사 기념으로 친구가 맛있는 것을 사 들고 놀러온다고 한다. 나는 친구에게 새 집으로 오는 길을 설명해줘야 한다. 그런데 어떻게 설명해야 할지 난감하다. 지하철역 몇 번 출구로 나왔는지, 지하철역에서 나와 직진을 하다가 몇 번째 골목에서 들어와야 하는지, 집 앞에 있는 슈퍼마켓 이름이 뭐였는지 기억나지 않는다. 하지만 나는 분명 새 집으로 아무런 어려움 없이 걸어 왔다. 즉 절차기억은 남아 있는데, 어의기억으로는 연결되지 않는 것이다. 그러니 절차기억과 어의기억을 연동해서 시너지를 일으키려는 시도는 노력한 만큼 결과가 좋지 않을 수 있다.

심리학으로 브랜드 생각하기 9

절차기억을 활용하는 방법은 다양하다. 이번에도 한의원이다. 절차기억으로 우리 한의원의 브랜딩을 할 수 있는 방법이 있을까? 한방과 관련된 십자풀이 퀴즈를 비치해두면 어떨까? 누구나 약간의 노력으로 풀 수 있는 이벤트 퀴즈에 집중하다보면, 이 한의원은 기억에 남게 될 것이다. 카페라면 커피를 만드는 과정이나 커피콩에 대한 퀴즈를 만들 수 있다. 옷가게라면 패션 코디네이션 노하우 등도 퀴즈로 낼 수 있다.

업종과 상관없이 소비자들에게 유용한 지식을 활용하는 것도 좋은 방법이다. 카페 주변의 좋은 산책로 정보를 제공하는 것은 어떨까? 카페에서 테이크아웃으로 커피를 사서 산책을 유도하면 이것도 절차기억이 된다. 절차로 만들 수 있다면, 어떤 것이든 브랜드를 기억시키는 데 도움이 될 수 있다.

에피소드 기억

사람들은 이야기를 좋아하고 잘 기억한다. 이야기를 기억하는 것은 에피소드 기억이다. 아파트 광고를 보자. 첫 화면에는 동그라미가 나온다. 그 동그라미는 애니메이션 효과를 거치면서 유모차의 바퀴가 된다. 그러다가 아이들이 발로 차면서 노는 축구공으로 바뀌고, 다시 공부하는 학생의 책상 위에서 지구본으로 바뀐다. 잠시 후 지구본이었던 동그라미는 가족이 타고 있는 자동차 바퀴로 바뀌고, 다음에는 노인이 앉아 있는 휠체어 바퀴로 바뀐다. 마지막에 이 동그라미는 보험회사의 로고로 바뀐다. 광고에는 한 사람의 일생, 즉 이야기가 들어 있다.

만약 개별 보험 상품들에 대한 자세한 소개를 했다면, 광고를 본 사람들은 광고하는 보험 상품은 물론 브랜드도 기억하지 못할 것이다. 그러나 이 광고는 이야기로 기억된다. 이야기의 기억에

묻어서 브랜드도 함께 기억된다.

여러 브랜드들이 갖고 있는 에피소드는 창업자의 개성이나 일생에서 시작한다. 애플 브랜드는 스티브 잡스의 개성, 삶 등에서 비롯한 에피소드로 기억되는 경우가 많다. 최근 제주도에서 성업 중인 〈포방터 돈까스〉도 비슷하다. 서울에서 밀려나듯이 제주도로 내려온 젊은 부부의 눈물겨운 노력과 이를 헌신적으로 도와주는 백종원의 이야기. 고객들이 구입하는 것은 돈까스이기도 하지만 이런 브랜드의 에피소드이기도 하다.

감성기억

사람은 감성, 즉 느낌을 가진다. 그런데 느낌이라는 것은 어떻게 설명할 수가 없다. 논리적이지 않고 합리적이지도 않다. 합리적인 소비자라면 자신에게 꼭 필요한 옷만, 가장 저렴한 가격으로 파는 곳을 찾아서 살 것이다. 그러나 사람들은 그렇게 옷을 사지 않는다. 굳이 필요하지 않지만 저 옷을 사야할 것 같은 '느낌'을 받는다. 그리고 산다.

사람들이 내리는 의사결정의 많은 부분은 느낌에 의해 좌우된다. 물론 논리적이지 않기 때문에 결말이 항상 좋은 것은 아니다. 그렇다면 감성은 우리 삶에 불필요한 것일까? 그런데 필요도 없고 때로는 나쁜 결과를 초래하는 것이라면, 애초부터 없었어야 하는 것은 아닐까?

느낌과 감성은 여러 가지 역할을 수행하는데, 기억을 돕는 역할도 한다. 숲에서 먹을 것을 구해서 살아가야 했던, 수백만 년 전 우리 조상님들께 다시 가보자.

숲은 여기가 저기 같고, 저기가 여기 같다. 비슷비슷하기 때문에 길을 잃기도 쉽다. 그런데 이런 불명확한 공간에서 언제든지 곰이나 호랑이 같은 맹수를 만날 수 있다. 그날도 조상님들이

먹을 것을 구하기 위해 어디가 어딘지 잘 모르겠는 숲속을 걷고 있었다. 그때 호랑이가 나타나 일행 가운데 한 명을 물고 가버렸다. 나머지는 다행히 목숨을 건졌지만, 그렇다고 숲속을 벗어날 수는 없다. 먹을 것이 숲에 있기 때문이다. 굶어 죽지 않으려면 숲으로 다시 들어가야 하는데, 물려 죽지 않으려면 호랑이를 피해야 한다. 이곳이 저곳 같고, 저곳이 이곳 같은 숲에서 호랑이를 피해야 하는 것이다. 숲속의 지형지물을 다 기억할 수 없기 때문에, 호랑이가 나올 만한 곳을 확인해서 미리 피하기는 어렵다. 그리고 이때 감성이 작동한다.

사람들은 감성적으로 큰 충격을 받으면, 그 시간을 꽤 정확하게 기억해낸다. 큰 사고가 터져서 놀라고 슬플 때, 너무 행복한 일이 있어 즐거웠을 때 감성이 요동친다. 그리고 시간이 오래 흘러도 그 당시를 기억한다. 감성이 기억을 돕기 때문이다.

일행 가운데 한 명이 호랑이에게 잡혀가는 순간, 도망치던 조상님들은 감성적으로 큰 흥분 상태였을 것이다. 이 흥분 상태는 기억력을 순간적으로 증폭시킨다. 의도하지 않아도 주변의 지형지물을 기억한다. 그런데 의도하지 않았던 기억이기 때문에, 의도적으로 꺼낼 수 없다. 다만 비슷한 장소나 환경을 마주하면 '뭔가 안 좋은 느낌'이라는 무의식의 기억이 소환된다. 기억이 감성의 형태로 불려 나오는 것이다. 물론 비슷한 장소나 환경이라고 해서 호랑이가 항상 등장하지는 않는다. 그러니 느낌은 비합리적으로 보이게 마련이다.

감성은 부정적인 감성과 긍정적인 감성으로 나눌 수 있다. 부정적인 감성은 브랜딩에 금물이다. 물론 공익성 금연 포스터와 같은 경우에는 종종 사용되지만 상업적 브랜드에 부정적인 감성을 사용하는 것은 권하지 않는다.

긍정적인 감성의 대표적인 것이 아름다움, 사랑, 유머 등이다. 그런데 아름다움이나 사랑은 이미 브랜딩에서 많이 사용하고 있는 감성이다. 남는 것은 유머다. 물론 이 조차도 많은 브랜드에 사용하고 있기는 하지만 아직 여유가 있다. 〈배달의 민족〉 브랜드가 주는 유머처럼 아직 먹히는 것이다. 유머를 많이 활용하자.

중요한 것은 긍정적인 감성들을 섞어 자신만의 독특한 감성 레시피를 만드는 것이다. 예컨대 사랑스러우면서 유머러스한 감성, 도시적이면서 전원적 평화로움과 같은 긍정적이면서 이질적인 감성을 섞으면 그 만큼 기억에 오래 남는 독특한 감성을 브랜드에 불어넣을 수 있다.

에필로그

현장에서 벌어지는 일들은 너무 복잡하다. 매장은 물론이고, 상품과 서비스에도 집중해야 한다. 이 바쁜 와중에 멋진 브랜드 이론에 입각해 전략을 세우고, 이미지를 만들어, 눈에 잘 띄게 하고, 기억시키고, 매출까지 이어지게 해야 한다. 그러나 쉽지 않다.

만약 지금까지 나왔던 심리학을 바탕으로 한 브랜딩이 어렵다면, 그것도 도저히 할 여력이 나지 않는다면, 가장 인상적인 것부터 손대는 것도 괜찮은 방법이다. CEO의 개성, 그러니까 '나'라는 사람의 브랜드만이라도 관리해보자.

영화 007 시리즈의 인트로 영상을 패러디하는 등 괴짜 광고로 유명한 버진 애틀랜틱 항공(Virgin Atlantic Airways)은 버진 그룹의 핵심 계열사다. 그런데 버진 항공의 괴짜 행보는 CEO의 그것에 비하면 아무것도 아니다.

버진 그룹의 CEO는 리처드 브랜슨이다. 1950년생이니 나이가 지긋한 노인인 이 사람의 풍모는 여느 기업 CEO와 많이 다르다. 머리를 길러서 풀어헤치고, 수염을 멋있게 기른다. 여간해서는 넥타이를 맨 정장을 입지 않고, 꼭 웃옷 단추를 한두 개쯤은 풀며, 청바지를 즐겨 입는다. 겉모습뿐만이 아니다. 혼자 요트를 타고 태평양 횡단을 하는가 하면, 단독 비행으로 세계일주를 하는 등 모험을 즐긴다.

리처드 브랜슨의 행동은 나이가 지긋한, 그렇고 그런, 뻔해 보이는 기업 CEO의 행동과 다르다. 새롭고, 참신하고, 재미있으면서, 매력적이다. CEO가 진부하지 않으니 항공사와 기업도 진부하지 않을 것 같다. 물론 그의 이런 기이한 행동이 기업 경영 전반에 스며들어 있을 리는 없다. 안전과 정확성이 핵심인 항공사가 괴짜처럼 운영을 한다면 심각한 문제다. 전적으로 리처드 브랜슨이라는 개인의 취향일 가능성이 높지만, CEO의 행동은 기업의 브랜드 이미지를 만드는 데 큰 역할을 한다. 버진 항공의 어떤 광고도 리처드 브랜슨보다 강력하게 브랜드 이미지를 만들어주지는 못할 것이다.

만약 이제 막 가게를 냈고, 한두 가지 상품을 만들어내기 시작했고, 전반적으로 너무 정신이 없다면, 그래서 모든 부분에서 브랜드를 신경 쓸 수 없다면, 우선 나 자신을 브랜드로 만드는 것도 괜찮은 방법이다. 그렇다고 세계일주를 하거나, 기행을 할 필요까지는 없다. 나를 정확하게 드러내는 것만으로도 훌륭한 브랜딩이 될 것이다.

내 가게 브랜딩을 위해 기억할 사소한 10가지

1. 브랜드를 실어 나르는 매체는 정해져 있지 않다. 로고, 간판, 매장 인테리어, 유니폼, 메뉴판, 앞치마 등… 모든 것을 활용하는 전원 공격, 전원 수비의 토털 사커(Total Soccer)다.

2. 이름은 개성적이어야 하고, 부르기 쉬워야 한다. 그러나 프로덕트 아이덴티티(Product Indentity)를 지켜야 한다. 막걸리 집은 막걸리 집다워야 하고, 카페는 카페 같아야 한다.

3. 로고는 전문 디자이너에게 의뢰할 것. 예산이 넉넉하지 못하다면 대학교 디자인학과 사무실을 통해 대학생과 작업하는 것도 방

법이다. 단 디자이너에게 모든 것을 맡겨서는 안 된다. 컨셉과 이미지는 명확하게 쥐고 가자.

4. 간판은 매장 인지도를 높이는 핵심 매체. 일반 옥외광고 기준으로, 전체 고객의 3.5% 이상은 순수하게 간판 때문에 방문하는 것으로 추정된다. 고작 3.5%라고? 한 달 매출의 3.5%면 시간제 아르바이트생 급여를 해결할 수도 있다.

5. 매장이 작아도 쇼윈도를 만들 수 있다. 창문을 쇼윈도로 활용하면, 다양한 제품과 브랜드의 이야기를 전달할 수 있다. 만약 브랜드 스토리가 부족하다면 브랜드 이름이나 로고 마크라도 강조하자.

6. 흙을 털거나, 비 오는 날 신발 바닥의 물기를 닦는 매장 입구의 매트. 대수롭지 않아 보이지만, 인상적인 브랜딩을 시작할 수 있는 매체다. 특히 고객들이 대접받고 있다는 기분을 들게 해준다. 매장 밖에 놓이는 매트는, 고객이 매트를 밟는 순간 이미 가게에 들어온 것 같은 느낌을 주기도 한다. 매장으로 들어갈 것을 고민하는 고객의 주저함을 물리쳐준다. 시인성을 강조하는 색과 문구로 신경 써서 만든다면 효과를 볼 수 있다.

7. 쇼핑백은 그 자체로 광고판이다. 명품 쇼핑백에는 특유의 색과 큰 브랜드 로고가 그려져 있다. 멀리서도 알아 볼 수 있는 쇼핑백은 거리에서 사람들에게 브랜드를 한 번 더 떠올리게 만든다.

8. 메뉴판은 매출에 직접 도움이 된다. 단순히 음식의 이름과 가격을 보여주는 것으로는 부족하다. 음식 사진을 맛있어 보이도록 찍어서 보여주어야 한다. 그래야 소비자들이 자신감과 여유를 갖고 과감하게 주문을 시작한다.

9. 소비자가 상품을 직접 고르는 매장에서는 패키지가 얼굴이다. 핵심은 디자인 플랫폼을 개발해, 패키지들 사이의 일관성과 개성을 주는 것이다. 브랜드 이름을 크게 디자인하는 것보다 일관성이 유지되는 것이 도움이 된다. 만약 제품 사진이 패키지에 들어간다면 가급적 글자 등의 요소가 사진을 가리지 않는 것이 좋다.

10. 브랜딩의 중심에 SNS가 있다. 그러나 동

영상 광고는 사용자들이 잘 누르지 않는 메뉴다. 예산이 많이 들어가는 동영상 광고 제작보다, 필요한 정보를 꾸준히 올리고 소비자와 소통하려는 성실함이 중요하다. SNS 커뮤니티 만들기와 운영에 신경 쓰자. 쉽지 않지만 필수적이다.

덧.

브랜드를 전달하는 도구의 목록. 모두 이용해야 하는 것은 아니다. 단 잊어서도 안 된다.

- 패키지, 쇼핑백, 외장 박스, 제품 태그, 간판, 업무 차량 디자인, 유니폼, 홈페이지, SNS와 블로그, 옥외 광고, 차량 외부 광고, 차량 내부 광고, 전단지, 스티커, 이벤트, 명함, 레터 폼, 브로슈어, 팸플릿, 리플릿,

카탈로그, 메뉴판, 매장 안 메뉴 보드, 입구 매트, 냅킨, 매장에서 흘러나오는 음악과 향기 등